La vie d'artiste

Ce livre est déjà paru sous le même titre
aux Éditions Néo

106, bd Saint-Germain – 75006 Paris

ISBN : 2-86930-636-9
ISBN : 0764-7786

Marc Villard

La Vie d'artiste

Collection dirigée par
François Guérif

Rivages / noir

Du même auteur
dans la même collection

Démons ordinaires (n° 130)

A Monte Hellman

Chapitre 1

C'était un mercredi et je rentrais à la maison. L'État m'avait pris en charge trente jours durant. Les quinze premiers consacrés à me culpabiliser au sujet des cinq grammes d'héroïne contenus dans ma chaîne de cou, le soir de mon arrestation au *Syracuse*. Les quinze autres à me faire passer le goût de la poudre à l'aide d'une pharmacologie adéquate. En réalité, j'ai peu de goût pour les drogues mais la tentation est grande pour un saxo de jazz quand la fatigue vous serre les tempes après trois heures passées à souffler comme un dératé des standards véloces au bord d'une piste enfumée. Ma photo, mon pedigree, ainsi que toutes mes tares cachées s'étalaient maintenant avec complaisance dans de superbes cahiers enluminés par les artistes du commissariat de la Chapelle. Passons sur tout cela.

Je suis rentré dans la chambre et je l'ai vue, celle que j'aime. La sueur serpentait en fines rigoles sur son corps brun et l'autre enfant de salaud se pavanait dessous en mastiquant son chewing-gum.

Une odeur suffocante d'éther planait à mi-hauteur et j'eus l'impression de pénétrer dans une salle d'opération. Ils se sont tournés vers moi avec un bel ensemble mais, à vrai dire, on n'avait pas grand-chose à se raconter. Puis Lisa prononça laborieusement ces mots stupides :

— Pour le tee-shirt, ne t'inquiète pas, Phil, je le laverai moi-même !

Outre mes économies qu'ils avaient claquées en caisses de bière, son gigolo m'avait emprunté mon tee-shirt préféré avec *The Servant* en lettres noires.

Décontracté, le gars.

Avant que je fiche tout en l'air dans la baraque, elle ramassa prestement ses affaires pendant que l'étalon faisait pétarader le moteur de la Yamaha, deux étages plus bas.

Je me suis recroquevillé trois jours durant, comme ces escargots, en attendant l'étincelle qui me brancherait à nouveau sur l'existence.

Le samedi, un soleil franc comme l'or me tira hors du lit. Je me décidai à prendre l'air sur les conseils de la virago qui fredonnait un vieil air à son chat borgne, tout au bout du palier.

Les jeunes filles du cours de peinture remontaient le boulevard, petites socquettes blanches et lunettes de plastique bleu. Mine de rien, je me suis dirigé vers la cabine de téléphone. J'apercevais, à travers les vitres, le film annoncé au fronton du Louxor, une superproduction arabe, ruisselante de sang, de sueur et de larmes. Je poussai le battant métallique d'un geste résigné. Un certain Georgie avait inscrit son numéro de téléphone sur l'appareil et promettait de nombreux délices au premier venu.

Puis je composai le numéro du frère de Lisa. Elle décrocha à la seconde sonnerie et d'une voix lointaine laissa tomber un « oui » fatigué. J'avais des tas de choses à lui dire, qu'elle pouvait revenir, qu'on allait repartir du bon pied elle et moi, qu'on achèterait le magasin et qu'elle pourrait même continuer à voir son bellâtre qui faisait des efforts désespérés pour ressembler à Presley. Voilà, c'est ça que je voulais lui dire, mais je ne pus articuler que cette menace dérisoire :

— Lisa, je casserai tout !

Elle lançait des « allôs » effrénés à l'autre bout du fil, alors j'ai reposé le récepteur et je suis sorti, définitivement blessé, dans la lumière blanche de Barbès.

J'ai remonté le boulevard en traînant la patte. Ma chemisette se tachait aux aisselles et les flics dans les encoignures me dévisageaient sans vergogne en caressant leurs fusils-mitrailleurs. Protègent les banques et l'hôpital psychiatrique. J'ai baissé les yeux — ils aiment ça — et je suis rentré dans l'immeuble sous l'œil torve du fils de la gardienne qui tiraillait ses joues rebondies avec des doigts poisseux de halva.

Le dimanche soir, je soufflais *All of me*, un vieux morceau de Lester Young. Tempo rapide, très mélodique et pas facile à jouer sans le soutien d'un piano. C'est le morceau préféré de Moltar, le mec du quatrième, et comme je lui dois cinq repas, ça met du beurre dans son assiette en attendant mieux.

L'impression de glisser sur un matelas de neige, quand j'ai reconnu son pas. Incertain, comme qui dirait. Je me suis posé avec précaution sur le lit en terminant le morceau par un arpège rageur. Avant d'ouvrir la porte, elle m'avait déjà gâché mon plaisir.

Elle est rentrée avec sa clé, sa cuite dominicale et sa mauvaise odeur de cochon bouffe-merde.

— Phil, il m'a laissée tomber !

J'ai failli lui demander s'il avait emporté mon tee-shirt mais au point où elle en était, ce genre d'astuce serait resté sans effet.

— Tu te rends compte, il s'est barré !

— Il s'est barré, tu t'es barrée. La vie est une longue suite de départs, j'ai dit.

Elle avait du mal à faire le point sur le plan oculaire et se laissa choir lourdement sur une chaise, remontant sa robe jaune à fleurs bleues sur ses cuisses fuselées. Je la regardais comme on contemple ces poissons japonais dans les aquariums. Intéressé mais dépassionné.

— Philippe, nous deux... commença-t-elle.

— Nous deux, c'était hier !

Je sentais venir la sérénade. Elle pouvait gémir quatre heures d'affilée sans que l'on ait besoin de remonter le ressort.

— Réagis, Lisa, j'ai dit comme ça. Fais du sport, chante Hare Krishna, abonne-toi au *Chasseur français*...

— Ordure !

J'ai redressé le sax et, calmement, me suis coulé dans les bémols de *I got it bad*, un titre de circonstance dont il faut remercier Ben Webster.

Lisa s'est levée en pliant et dépliant ses doigts courts puis, à petites claques nerveuses, a entrepris de jeter à terre mes vieux livres soigneusement rangés sur l'étagère murale.

J'ai dû abandonner Webster et me suis rapproché de la femme qui partageait mes nuits depuis six longs mois. Au moment où *Ariel* de Sylvia Plath chutait dans la poussière, je bloquai au vol son poignet et, d'une torsion brutale, l'obligeai à tomber sur les genoux.

— Bon, Lisa, gentille maintenant !

— Je suis malheureuse, Phil...

— Et ton mec, tu...

— Ce mec, c'est rien pour moi !

— C'est pas rien, puisque tu t'es cuitée pour l'oublier !

— Chéri, je t'aime encore, tu sais, pleurnicha-t-elle en battant des cils.

J'éclatai de rire et fourrageai négligemment dans ses cheveux. Elle s'avança sur les genoux et, d'un geste rapide, fit descendre ma fermeture à glissière à hauteur de sa bouche.

— Qu'est-ce que tu fais ? demandai-je, vaguement honteux.

Compte tenu de son activité, la parole lui était interdite. Je compris dans un flash qu'elle essayait de revenir en moi. Par la faille, la mort. Un frisson de zen froid me traversa.

Je la remontai sous la lumière en caressant son corps de boue. Son regard éperdu se planta dans le mien.

— Plus jamais, alors ?

— C'est ma tête, Lisa...

Elle laissa glisser sa main contre mon épaule et posa sa joue sur ma poitrine. La veine bleue à sa tempe s'affolait tel un insecte obscène.

— Faudrait mourir maintenant, souffla-t-elle.

— On est déjà morts, dis-je, dans ses cheveux.

Elle s'écarta de moi, la bouche affaissée. Alors je posai mes mains sur son petit visage boudeur pendant que son corps prenait sa place contre le mien. Puis je la renversai sur le sol, enfouissant, au-delà de ma mémoire, ses mensonges et mon propre dégoût.

*

* *

Le lendemain soir, en gravissant l'escalier, dans la torpeur de fin d'après-midi, la porte entrebâillée de la chambre m'intrigua. Je la poussai, légèrement tendu. Les rideaux étaient tirés et, dans la demi-pénombre, je découvris le gigolo à l'éther penché sur Lisa alors qu'un morveux de 18 ans, au visage mangé par l'acné, couinait d'une voix de fausset :

— Bon dieu, Elvis, on se tire maintenant, j'ai la trouille !

Je fis deux pas dans la pièce.

— Qu'est-ce qui se passe ici ?

Le gosse poussa un cri rauque et fusa comme une flèche à ma gauche. Je tendis mon pied et d'une manchette appuyée l'envoyai bouler dans l'escalier qu'il dévala sans élégance. Le renifleur d'éther s'était relevé et marchait sur moi, les yeux exorbités, un cran d'arrêt au bout du poing.

— Pousse-toi, Siren.

— T'es chez moi, ici, Elvis de mes deux !

Il fit jaillir sa lame à hauteur de mon estomac. J'esquivai le coup et lui catapultai une claque énorme sur la joue droite mais, déséquilibré, je dinguai contre le bord du lit pendant que l'autre se faufilait sur le palier. Comme je me relevai, je perçus le tam-tam de ses santiags sur les marches de vieux bois et la voix cassée du gamin qui grésillait :

— La came, Elvis, t'as pris la came ?

Le gigolo maugréa une réponse inaudible et un silence épais chuta sur la pièce surchauffée.

Je me rapprochai de la fenêtre près de laquelle Lisa était rencognée dans une position fœtale. Une main glaciale me serra l'estomac. Je retournai très lentement son visage vers moi. Ses yeux étaient grands ouverts sur son visage convulsé et, pour parler franc, elle en avait terminé avec la vie.

Chapitre 2

J'émergeai laborieusement d'un cauchemar de gaze, la bouche grande ouverte, aspirant avec volupté l'air vicié de la chambre, puis m'approchai de l'évier et plaçai ma tête sous le robinet d'eau froide.

En donnant de la lumière dans la pièce, je découvris la seringue abandonnée au pied du lit et l'inévitable cuillère. Le pull de Lisa était remonté au-dessus de son coude droit et la saignée du bras révélait un tamis trop connu. Sur la table basse, des morceaux d'albuplast ondulaient tels des serpents exsangues autour d'un sac de plastique transparent. Je trempai mon doigt dans la poudre blanche et goûtai du bout de la langue : héroïne. Cent cinquante grammes, peut-être. Je refermai l'étui plastifié à l'aide de l'autocollant, saisis la seringue et laissai chuter l'ensemble dans la cuvette des w.-c. dont je tirai la chasse deux fois d'affilée. J'arrachai ensuite le couvre-lit et l'étendis sur le corps sans vie : un linceul bleu comme un ciel sans surprise.

Nous n'avions jamais formé ce qu'il est convenu d'appeler un couple, il s'agissait plutôt d'une coha-

Chapitre 2

J'émergeai laborieusement d'un cauchemar de gaze, la bouche grande ouverte, aspirant avec volupté l'air vicié de la chambre, puis m'approchai de l'évier et plaçai ma tête sous le robinet d'eau froide.

En donnant de la lumière dans la pièce, je découvris la seringue abandonnée au pied du lit et l'inévitable cuillère. Le pull de Lisa était remonté au-dessus de son coude droit et la saignée du bras révélait un tamis trop connu. Sur la table basse, des morceaux d'albuplast ondulaient tels des serpents exsangues autour d'un sac de plastique transparent. Je trempai mon doigt dans la poudre blanche et goûtai du bout de la langue : héroïne. Cent cinquante grammes, peut-être. Je refermai l'étui plastifié à l'aide de l'autocollant, saisis la seringue et laissai chuter l'ensemble dans la cuvette des w.-c. dont je tirai la chasse deux fois d'affilée. J'arrachai ensuite le couvre-lit et l'étendis sur le corps sans vie : un linceul bleu comme un ciel sans surprise.

Nous n'avions jamais formé ce qu'il est convenu d'appeler un couple, il s'agissait plutôt d'une cohabitation sentimentale. Je l'avais ramassée un soir à la sortie de secours du Banana. Elle était affalée sur sa bouteille de gin et ses amis l'avaient abandonnée à son monologue pleurnichard entre deux poubelles de plastique gris.

Ted Curson, le bassiste américain, m'avait prêté main forte et nous l'avions étendue sur une table à côté des toilettes. Curson lui jetait de grands verres d'eau à la figure. Au cinquième, elle avait écarquillé ses yeux ronds et déclaré, péremptoire :

— Faut que je me donne un coup de peigne !

Elle habitait moitié chez son frère, moitié chez moi. Inutile de feindre : je l'avais aimée. Un amour dont le caractère cahotique était amplifié par nos horaires qui correspondaient mal. Je pénétrais en elle sur le coup des quatre heures du matin comme on se réfugie dans les jupes de sa mère, les jours de piqûres à l'école communale.

Les deux hommes n'ayant laissé aucune trace de leur passage, l'idée de prévenir la police ne m'effleura même pas. J'étais fiché comme usager, revendeur, et seule une dose d'optimisme insensé aurait pu m'encourager à raconter ma fable aux flics. J'imaginais déjà leurs ricanements grossiers, le choc des menottes sur mes poignets et la prégnance de pommes pourries nappant de façon indélébile ma cellule sans poutres apparentes.

Il fallait qu'elle disparaisse, ma seule chance d'en réchapper. Je pourrais toujours raconter qu'elle était partie pour Frisco, Katmandou ou Dieu sait quoi. De la part de Lisa, on pouvait s'attendre à tout.

L'idée de la chaudière m'est venue petit à petit en lavant trois verres, puis en disposant mes bouquins sur l'étagère. Nous étions le 10 mai et le chauffage serait coupé le 15 au soir. Il fallait faire vite.

Du coup, je me dirigeai vers Lisa et, du bout du pied, fis rouler son corps dans le couvre-lit. A l'aide d'un cordon de robe de chambre, je ficelai l'ensemble par le milieu. J'extirpai du fin fond de la penderie une vieille nappe rectangulaire de vinyle noir et me livrai à la même manœuvre que précédemment mais en fermant les deux extrémités avec un morceau de ruban adhésif.

Je posai un regard fureteur sur la pièce : tout paraissait en ordre. Il me restait à lui faire mes adieux mais pour cela je devais attendre la nuit. La gardienne rechargeait la chaudière à charbon aux alentours de 22 h 30 ; il me fallait donc attendre 23 heures pour enfourner le cadavre dans le foyer.

Elle n'était pas grande et le paquet simulait ceux que les confectionneurs du Sentier trimbalent à longueur d'année sur leur dos.

Lisa, tu ne parles plus, tu ne parles plus avec ta bouche de guitare désaccordée, avec ton corps de mécanique tchécoslovaque, ta peur chronique de la Panzer Division et tes rêves de piscines bleutées sur les collines de Bel Air...

J'empoignai mon saxophone et entrepris de jouer un petit morceau léger, sans importance, quelque chose de futile à l'image de sa courte vie.

Puis, j'enchaînai sur *Russian Lullaby*, et c'est à ce moment précis que j'ai commencé à pleurer.

L'escalier de la cave était plus raide que prévu. Je laissai chuter le corps sur le tas de charbon. La chaudière ronflait allégrement et je sentis la sueur me pisser entre les omoplates. J'ouvris très lentement la petite porte de chargement pour éviter l'appel d'air et, en soufflant comme un bœuf — moitié tirant, moitié poussant — je fis basculer Lisa dans les flammes.

Chapitre 3

Vautrés sur la marche avancée du Temple, Smoke et Joseph Prêcheur, les deux esclaves du Mac Donald, tiennent une cuite carabinée. Joseph est lancé dans un discours vertigineux comme quoi le dieu des chrétiens aurait donné l'ordre de baiser tous les prêcheurs de génération en génération. De foutre dedans les rois de la rouspète tels que lui, Joseph, la bonté pure et jamais un verre de retard.

— Sa mère à Jésus, elle suçait des bites par paquets de douze !

Smoke approuve avec des bruits gutturaux et, d'où je suis, j'entends tinter la bouteille contre le mur du bâtiment. Ils finissent par mettre une sourdine à leur dialogue de poivrots et je peux enfin m'entendre penser car maintenant que Lisa est morte, je sais bien ce qu'il me reste à faire.

Faut que je boucle mon sac. Pour mettre de la distance entre Elvis et moi. Il doit crever de trouille à l'idée que je puisse lancer les flics sur sa piste mais je suis sans illusion : quand il comprendra que je n'ai pas parlé, il essaiera de récupérer sa came. Par n'importe quel moyen car dans ce milieu-là les échecs n'ont plus cours et ses clients doivent déjà s'impatienter.

J'en suis là, à ressasser tout cela, au septième rang du Temple de la Mission Divine. Fait une chaleur du diable dans la masure et les fenêtres grandes ouvertes sur la cour ne changent rien à l'affaire. Ouvertes pour que tous les païens alentour puissent profiter des cantiques braillés par les fidèles, qui s'en donnent à cœur fendre dans les suraigus.

La décoration intérieure tient plus de la caverne que de l'église proprette. Aux murs du local, des icônes défraîchies grimacent et caracolent de guingois entre les fissures du plâtre. Une croix de bois orne le panneau du fond et, en guise d'autel, une table de cuisine recouverte d'une toile cirée à nénuphars verts soutient un amoncellement de colifichets déposés là en offrandes. Une ampoule nue pendouille au plafond et dispense une lumière rachitique qui laisse deviner dans un coin une concentration de bougies déconfites. Histoire d'épaissir l'atmosphère, un Nègre aux cheveux jaunes agite en ricanant un encensoir d'où s'échappe une fumée bleuâtre qui pique les yeux.

Côté calotins, toujours les mêmes têtes : milords aux épaulettes rastaquouères, putes désabusées, Sénégalais embarqués dans un trip Black Panthers avec bérets basques et tout l'arsenal, sans oublier les deux aveugles du Paradisio.

Ousmane-le-dingue tire ses tifs comme un possédé et termine la séance par un morceau choisi de l'Apocalypse :

— ... et l'un des vieillards me dit : ne pleure pas, voici qu'il est vainqueur le lion de la tribu de Judas, le rejeton de David. Il ouvrira le livre et ses sept sceaux. Et je vis au milieu du trône et des quatre vivants, et au milieu des vieillards, un agneau debout, comme égorgé...

C'est bientôt mon tour.

Roberto a rapproché ses congas et commence à caresser les peaux. Ses longs doigts noirs dessinent derrière la fumée une géométrie tentaculaire.

Ousmane-le-dingue a plus d'un tour dans son sac. Pour conserver sa clientèle de désenvoûteur, il doit continuer à faire le pitre au Temple. C'est un peu sa vitrine, sa publicité locale. Quant à rameuter les bigots, il lui fallait trouver quelque chose, un truc malin, un truc meilleur que le tiercé ou le bonneteau.

Il est venu me chercher, un soir, au Banana. C'était une soirée un peu spéciale, sans salaire ni tout ça. J'étais là avec trois types du genre compétent dont Édouard Andolini, le batteur de chez Wharton. Vers la fin de la soirée, Eddy avait proposé que l'on fasse *Cherokee* avec des impros individuelles et un chorus d'acier pour le final. Et j'étais dans ma partie, essayant de saisir cette note ultime, vous savez, cet éclat de cristal accroché au faîte d'un solo. Le genre d'ascension qui me vide pour le compte. Puis je redescends sur terre, baignant dans une extase liquide, un bain chaud et rédempteur.

A la fin du morceau, Ousmane m'a pris à part pour m'expliquer son plan. Il s'agissait de conclure chaque sermon par un set saxo-percussions. Ousmane était bien renseigné sur ma misère financière et j'ai dit oui pour pouvoir continuer à payer ma chambre. Ainsi, trois fois par semaine, je souffle pour les Blacks et la Sainte-Trinité qui trône au-dessus de la table en formica, sur le mur le plus sombre du Temple.

Roberto, le percussionniste, c'est le gars qui ne peut pas s'empêcher de la ramener. Quand le dingue m'a fait venir pour une répétition générale, Roberto s'est mis à me tourner autour en tapotant un double tom.

— Alors, comme ça, c'est toi Siren, le roi de la corne de brume au Banana ?

— Comme qui dirait...

Il a pivoté vers les autres — des grenouilles de bénitier —, la gueule mangée par un méchant rire.

— Hé, les mecs, ce trouduc ripoliné prétend jouer du SAXOPHONE !

Je me suis plongé dans la contemplation intense de mon instrument que je m'évertuais à tirer de son étui. Ousmane-le-dingue a rejoint lentement Roberto et lui a pris le cou dans la main comme un type tout content de retrouver un vieux copain. Le percussionniste a viré jaune.

— Sacré Robert, qu'il a fait Ousmane, pas le mauvais mec ! J'ai dit que Siren soufflerait dans son biniou parce qu'il est le meilleur de Barbès et c'est pas un enculé de Nègre qui va faire la loi au Temple, okay ?

C'était okay pour Roberto. J'ai entamé les hostilités par un thème simple et, insidieusement, me suis mis à prendre le large. Du coin de l'œil, j'observais l'homme aux congas qui commençait à se désunir, cherchant vainement un tempo à coller aux fesses de cette musique destructurée. On a terminé ça tels des siamois épris d'indépendance et j'ai sorti mon mouchoir pour essuyer mon embout alors que l'autre roulait des yeux fous.

— Hé, mec, hou ! là, là, de l'Étoile Rouge au cul de jument, ouais !

Depuis, ça va très bien avec Roberto mais il a toujours sa grande gueule, enfin, c'est comme ça et personne n'y peut rien.

Aujourd'hui, je commence par un tempo moyen puis j'entraîne l'assistance sur les bords du Nil avec une composition personnelle que j'ai intitulée *Egyptian Flamingo*. Je me prends la tête d'Ousmane dans le champ oculaire et, peu à peu, c'est le visage de Lisa qui vient se substituer à la tête brune, comme ces livres dont il faut tourner très vite les pages pour déclencher un mouvement d'images. Lisa qui me hurle aux oreilles : « Chéri, je t'aime encore, tu sais ! »

J'ai froid tout d'un coup. Le frémissement qui parcourt mon dos m'arrache un frisson, puis un autre.

Le dingue, qui navigue entre deux tablettes d'amphétamines, s'aperçoit malgré tout que quelque chose faiblit dans le phrasé du saxo. Je lui fais un clin d'œil laborieux et je reprends le thème de départ.

Il faut que je quitte cette ville. Et en quatrième vitesse.

Voilà, c'est terminé. Ousmane-le-dingue passe dans les rangs avec son chapeau et chacun y va de son billet. Il caresse les têtes, claque les dos et un sourire de bonté ruisselante déclenche des fossettes sur ses joues fripées.

Un à un, ils quittent le Temple, tapant du pied et triturant leurs badges. Je remise mon sax dans son étui et m'approche du révérend.

— Ousmane, deux mots en vitesse...

Le Nègre, hilare, remet en place son couvre-chef et se tourne vers moi.

— Siren, Dieu est avec nous, tu as senti cette ferveur ?

— Au poil, curé, mais faut que je te dise...

— Mon vieux, la musique et la foi, voilà le truc ! Je nourris l'esprit et toi le corps. Ils n'ont pas besoin de ces putains d'école de survie ! Tu connais ça, Siren, les écoles de survie ?

— Heu...

— Merde, ils apprennent à ramper dans les caniveaux, à bouffer des pilules roses et à respirer par le trou du cul. Dieu n'a pas voulu ça, mec !

— Dieu n'en touche pas une au saxophone, Ousmane !

Ses yeux s'arrondissent pour le compte.

— Hé, comment tu sais ça ?

— Dans la Bible, curé, c'est marqué dans la Bible, je fais, sentencieux.

Il commence à sourire, pas sûr, malgré tout.

— Déconne pas, Philippe, qu'est-ce que tu veux ?

— Faut que je me tire ailleurs, Ousmane, j'ai des problèmes.

— T'es pas bien, on a une combine du tonnerre, tu comprends ça ?

Bon, il va falloir rentrer dans les détails.

— C'est Lisa, elle est partie. Un trip américain, hot dogs, Packards violines et tout le tremblement !

— Une gonzesse qui part, une autre qui arrive. Tu ne vas pas en faire un plat !

Il s'est rassis et s'évente avec son chapeau. La fumée a disparu et seules trois bougies à la flamme tremblante projettent sur le mur un paysage de masses ondulantes. Ça me vient tout à trac : Ousmane est un montreur d'ombres, un magicien des apparences.

— Elle est partie avec le sosie de Presley. J'ai plus le goût à rien, je dois changer d'air. Disons que je me donne trois mois pour refaire surface et après on recommence.

Il soupire bruyamment et plisse les yeux, concentré.

— Le type, c'est pas un maigre en blue-jean avec les cheveux en arrière ?

— Si, tu le connais ?

— De vue, seulement. Rupert prétend qu'il carbure à l'éther. On dit aussi qu'il dérouille les bonneteurs pour piquer leur recette, après deux heures du matin.

— Tout à fait mon genre, conclus-je amèrement.

Le dingue se redresse pesamment. Il se passe la main dans les cheveux, plante son chapeau sur son crâne et fait craquer ses doigts, les yeux au plafond.

— Okay, Siren, trois mois. Je peux attendre trois mois mais il faut que tu te trouves un remplaçant. Pas un merdeux de faiseur d'histoires. Un mec régul !

Pendant que sa suggestion macère dans ma petite tête, le dingue pèche à l'intérieur de sa veste ma part sur les recettes de la semaine. Il rajoute deux billets de cent francs avec un clin d'œil malicieux.

— Je peux en parler à Slocombe, l'alto du Ko Ko, dis-je d'une voix assurée.

— Une boîte de pédés ! Je veux pas d'histoires avec les pédés.

— Slocombe est régulier, j'insiste avec chaleur. Il joue comme un dieu et en plus il habite le quartier...

— Lui, d'accord, mais je ne veux pas d'histoires avec sa boîte.

— Je lui en parle ce soir, j'assure en me levant.

Nous restons plantés l'un devant l'autre pendant quelques siècles comme deux tordus sentimentaux : le dieu noir et le diable blond, un film déconseillé par l'office catholique.

— Salut Siren, fais gaffe à ton cul !

— Bordé de nouilles, curé. On se reverra.

Là-dessus, je pousse la porte du Temple alors que des nuages lourds de pluie se pressent au-dessus de la ville. Et en remontant vers le Banana, je les vois descendre.

Car c'est à cette heure-là qu'ils descendent. Ils descendent sur le boulevard, titubant dans les couloirs torves, assoiffés de musique et de néon, reniflant le parfum rance des merguez surchauffées qui les enveloppe dans une tiède ivresse.

Ils descendent, gonflés à bloc, pour montrer aux paroissiens qu'ils ont la vraie classe et qu'ils sont prêts à casser la baraque ici et maintenant.

Ils descendent plonger leurs mufles, leurs santiags et tout le tremblement dans le juke-box, survoltés aux amphétamines et pleurnichant comme des girafes sentimentales après leur flirt qui s'est fait la paire avec le salaud du cinquième ou n'importe quoi mais le pire, de préférence.

Ils descendent avec leurs yeux rouges de divorcés, leurs liquettes en lambeaux et leurs mains-nicotine étreignent des cadavres de Whitneys, des boîtes de Kronenbourg et d'autres choses encore.

A cette heure-là, le boulevard s'embrase, le sang hisse les couleurs aux frontons des strips et le métro aérien imprime dans les crânes une pulsion lancinante. Contre la vitrine de Tati, des clochards barbouillés d'urine, trois manteaux empilés sur le dos, se tassent dans un ultime réflexe de survie.

J'arrive enfin au Banana où mon départ pose moins de problèmes qu'au Temple. Sylvain, le patron, est constamment sollicité par des musiciens en quête d'un engagement. Il me propose un bœuf d'adieu pour le soir même. J'accepte avec enthousiasme

En cinq coups de téléphone, il parvient à joindre la dizaine de musiciens avec lesquels j'ai joué ces dernières années. Nous prenons rendez-vous pour 22 heures et je le quitte, pressé d'en finir.

Le bon côté d'une location en meublé tient dans la possibilité de déguerpir sans avoir à donner de préavis. Je regroupe mes livres dans quelques boîtes en carton qu'Abdallah, l'épicier tunisien, me cède sans façons. J'empile toutes ces choses inutiles que je traîne de chambre en chambre depuis que le monde est monde et je descends mon fardeau dans le garage de Yussef Belkacem, le gardien de meubles du quartier. On discute un moment sur le prix de location, histoire de garder la forme. Je compresse ensuite mes vêtements et le nécessaire de survie dans un sac kaki que j'ai rapporté à la fin de mon service militaire.

Un dernier regard froid sur la chambre, l'ombre sur le linoléum près de la fenêtre, et je dévale les escaliers, mon saxo sous le bras, en direction du Banana.

Landowski pianote déjà dans la pénombre. Il me dit toute la peine qu'il a de me voir partir. Un peu bêtement je le prends au mot et lui promets de revenir faire sauter la baraque. Nous démarrons gentiment sur un tempo lent, une plainte poisseuse qui tire des cris rauques au saxophone. Puis les autres arrivent, d'humeur plutôt sereine. On enchaîne à la queue leu leu des standards de Lester Young, histoire de se rincer la mémoire. Alors que les habitués et les premiers touristes commencent à affluer, je m'envole sur *Minority* de Julian Adderley. Mes doigts, mon souffle, remontent sans fatigue à la source alors qu'un chapelet de glissendos du trombone soulève les premières tables. Tout baigne dans l'huile et même les breaks du nouveau drummer se lovent dans l'architecture de sons avec une simplicité déconcertante.

Sur le coup des minuit, la bouteille de Bourbon est pratiquement vide. Wharton, Saint Marc et Slocombe montent sur l'estrade et sortent leurs instruments. Landowski tape trois fois du talon et nous affolons la machine sur *12*, une composition de Sonny Stitt qui démarque sur la fin le thème de *See See Rider*. Ça siffle et ça hurle au fond de la salle mais je n'entends plus rien, soudé au manche, noyé dans la plénitude d'une ascension dangereuse, un pied dans la vie, un pied dans l'abîme. Ce soir, j'ai envie de les avoir dans mon camp, qu'ils m'écoutent et qu'ils grimpent avec moi. Ils sont tout un paquet qui tangue sous la scène, leurs yeux brillent dans le noir et les filles remontent leurs jupes sur leurs cuisses pour se donner de l'air. J'ai envie de leur souffler dans les oreilles que je vaux bien mieux que mes trente jours de cabane, que je reviendrai quand le fanatique à l'éther m'aura oublié, qu'ils peuvent compter sur moi, pour sûr.

J'enfile mes solos comme les perles d'un foutu chapelet, le sax jaillit du magma de cuivres et j'aperçois, à droite de la scène, le vieux Max Rupert qui hurle à l'oreille d'un type en costard blanc. Ce soir, je l'ai assis, le vieux. Il n'en revient pas et ses yeux tournent sur sa bouille noire comme les rondelles de vinyle chez Vertigo. Je l'entends, pendant le solo de Saint Marc, qui couine à la cantonade :

— C'est moi qui lui ai appris, les mecs, je lui ai montré le truc et voilà le travail !

C'est vrai, c'est lui qui m'a fait souffler comme un dément, les premières années. On se fait de grands signes d'allégresse puis je reprends ma partie sur *Gémini* et, là, je traverse le crâne de l'homme-éléphant, j'embrasse Marilyn sous sa robe et la baraque commence à fondre sous la menace nucléaire. Arrivé à ce stade-là, je sens mon culot m'abandonner. Je redescends vite fait au niveau des humains et laisse Slocombe terminer l'orgie.

Fait une chaleur à crever et si je devais maigrir, il faudrait m'enlever un os. Mais c'est fini pour ce soir. Tout le monde s'embrasse, se passe des numéros de téléphone et j'ingurgite une dernière limonade alors que Rupert s'abandonne sur mon épaule.

— Tu les as eus, Phil, tu les as eus !

J'en profite pour lui glisser dans l'oreille une question qui me tarabuste. Il relève la tête, étonné.

— Lisa est partie avec Elvis ? Ça durera pas, Philippe, elle reviendra !

— Mais son nom ? je demande, criant pour me faire entendre.

— Bernard Reboul, mais tout le monde lui dit Elvis. C'est un dingue de Presley. On dit aussi qu'il revend l'héro pour les Brésiliens.

A cet instant, Slocombe passe près de moi. Je l'agrippe par la veste et lui explique le coup avec Ousmane-le-dingue. Ça l'intéresse, car il vient de se faire jeter par une chanteuse macaroni, au beau milieu d'un enregistrement chez Decca. Slocombe ne supporte pas les vocalistes qui ne sont pas dans le ton. Quant à sa boîte, le Ko Ko, il est free-lance, donc libre comme l'air. Je lui donne l'adresse d'Ousmane, on promet de remettre ça à mon retour puis il colle ses lèvres humides sur ma bouche délicate.

Passablement homosexuel, mais je n'ai rien contre ça.

Finalement pour ma dernière nuit en ville, Sylvain me propose le divan dans le bureau, derrière l'estrade. Voilà qui m'arrange car personne ne viendra me chercher ici. J'opine du bonnet à sa suggestion alors que le dernier carré d'as envisage un raid sur La Nuit, un café de Pigalle ouvert jusqu'à cinq heures et je me laisse fléchir.

Les étoiles sont derrière les nuages, un travesti titube en traversant et la pharmacie rouge crache ses derniers cinglés sur l'asphalte.

Demain, je prends le maquis.

C'est la femme de ménage qui me réveille alors que ma montre indique 13 heures. Je rassemble rapidement mon barda et enfourne mes effets dans le sac kaki, saxophone compris.

Une pluie fine, intermittente, lave les trottoirs des mauvaises odeurs d'ordures pourrissantes. Je tourne le dos à Barbès au moment où les cars de flics prennent position à hauteur du métro Château-Rouge. Puis, en utilisant un écheveau de petites rues faciles à embrasser d'un seul coup d'œil, je débarque boulevard Ornano sans rencontrer âme qui vive. Sont tous prosternés devant Dimanche-Martin. J'avise le fronton d'Ornano 43, le cinéma le moins cher de Paris et j'ai du mal à en croire mes yeux : si la seconde séance annonce bien *Maciste contre les géants* — un film mythique à Barbès —, la premiere propose avec simplicité *Tuez Charley Varrick*, un Don Siegel d'excellente cuvée avec Walter Matthau roulant dans la farine la mafia et les flics.

Du coup, je me rencogne dans l'entrée, contre la cabine de photomaton et, après quelques minutes d'attente, pénètre dans le temple du péplum, accompagné par les douze tubards du rez-de-chaussée et les baiseurs du balcon.

Le film, qui dans sa version originale dure une heure quarante-cinq, a été raccourci à une heure vingt. On n'y comprend plus rien mais ça ne semble indisposer personne. Je m'arrache à mon siège, en râlant pour la forme, et prends hardiment la direction du périphérique.

Chapitre 4

Le camion — un Berliet qui perd son huile — me laisse à l'entrée de l'agglomération rémoise. Après deux kilomètres à pied au bord de la nationale, je pénètre dans un quartier aux petites rues tracées perpendiculairement à la rue principale. De modestes maisonnettes, pour la plupart en briques, sont disposées sagement de part et d'autre des trottoirs. Devant celle de mon père, un flic en retraite monte la garde sur sa chaise en inox ; je le salue d'un geste vague et pousse la grille qui gémit sous la pression.

La courette n'a pas changé d'aspect depuis cinq ans et ça me serre le cœur d'imaginer mon père, penché sur les massifs de violettes, essayant de maintenir, envers et contre tout, la dernière image aperçue par ma mère avant sa mort.

D'où je suis, dans l'entrée au papier fleuri taché d'humidité, je perçois la scansion métronomique de la scie. Aussi loin que je me souvienne, je le vois penché sur un établi, sciant, rabotant et limant des planches sans désemparer. Que peut-il fabriquer avec ces bon dieu de planches, depuis tant d'années ? Dans l'atelier, une lumière jaune peine pour traverser des carreaux rendus épais de crasse et de poussière mêlées. Son crâne chauve et rouge brille au-dessus d'une forme complexe de pin clair.

— Papa ?

Il se retourne lentement, lunettes au bout du nez, une main posée sur les reins.

— Philippe, c'est toi ?

— Je monte chez un copain dans le Nord, tu étais sur ma route, alors...

— Tu as bien fait.

Nous nous embrassons. J'appartiens à une famille où l'on s'embrasse facilement.

— Ça va, papa ? La menuiserie, tout ça...

— Oh, c'est juste pour passer le temps. Quand j'en aurai vraiment marre, je me filerai un coup de fusil.

Il doit le faire depuis la mort de ma mère. C'est une vieille rengaine dont je connais chaque couplet, la plus infime intonation de voix. Du coup, il décroche son vieux flingue du mur, vérifie s'il est bien chargé et en actionne la culasse.

— Tu vois, il est prêt.

— Super, papa ! J'aime te retrouver comme ça, radieux, dynamique !

Ça lui arrache un sourire. Deux fois par an il sourit.

— Tu bois un coup, mon grand ?

J'opine du bonnet et nous descendons vers la salle à manger qui baigne dans une fraîcheur relative car les volets sont tirés. Il débouche avec mille précautions un vieux Bordeaux et m'en sert un plein verre.

— T'es venu pour elle, fiston, pas vrai ?

— Quoi ?

— Ta mère. Ça fait juste cinq ans demain...

Pour cacher mon trouble, j'avale une gorgée sérieuse de Château Lacroix. J'oublie les dates comme le reste mais je peux lui faire ce plaisir fugitif.

— T'es un malin, papa, je ne disais rien pour voir si tu t'en rappellerais.

Honte à toi, Philippe Siren, pourri, menteur.

A ces mots, ses yeux gris clair s'évadent vers la fenêtre et par l'entrebâillement des volets, fixent une contrée insondable où la relativité n'a plus place.

— Comment veux-tu que j'oublie, Philippe ! Elle allait mieux, tellement mieux. Ils lui avaient même supprimé le lithium, personne aurait pu croire ça. Elle allait chercher son pain toute seule et, tu sais, elle ne tremblait plus du tout !

Oui, je sais. Je connais trop bien la suite de l'histoire : un soir d'orage, alors que mon père était occupé à l'atelier, ma mère s'était plantée dans le ventre un couteau de boucher.

— Je n'arrive pas à croire qu'elle soit restée trois années dans cette clinique, papa. Des fois, je me dis que si j'avais été là...

— Te fatigue pas, fiston. Elle était malade, très malade, et personne n'y pouvait rien. Elle en a trop fait : la politique, la famille, la musique. Au début, à la clinique, elle disait qu'elle voulait parler avec l'esprit qui plante sa tente au Nord-Est de l'Inconscient. Tu vois le travail ?

— Je l'aimais tellement...

— Oui, nous l'aimions tous, Philippe.

Sur ce dernier échange, un silence pesant tombe sur la pièce, seulement troublé par nos bruits de déglutition quand l'un de nous trempe les lèvres dans son verre. Il pose ses lunettes sur la table, consulte la pendule murale en merisier puis se tourne vers moi :

— On va y aller maintenant, avant la nuit.

— Où ça ?

— Au cimetière, bien sûr.

— D'accord, je prendrai un pot de fleurs en cours de route.

Il approuve, tout content, et file changer de vêtements dans sa chambre car mon père ne se présente jamais devant sa femme dans une tenue négligée. Nous fermons les portes de la maison et il oriente la R 16 en direction du sud. Cinq cents mètres plus loin, je descends du véhicule devant une boutique de fleuriste et fais l'acquisition d'un pot de fleurs des champs dépareillées. Le cimetière est à dix kilomètres. Engourdi par le ronron du moteur et la chaleur ambiante, je me laisse aller à anticiper mon arrivée chez Richard « La Bamba » Minet. J'imagine sans peine son visage ahuri quand il me verra débarquer sur le seuil de son pavillon — que j'espère coquet — à Rorbeck.

La dernière fois. La dernière fois avec La Bamba c'était sur la côte, un village de vacances du côté de Sainte-Maxime. Il nous avait trouvé un engagement dans un orchestre monté de toutes pièces par Tito Buzzelli, le trompettiste italien. Huit musiciens qui enfilaient des standards sous les palmiers au clair de lune. Un cachet bien carré, sans problème, à l'exception des flirts habituels. Dans ces camps de vacances ce sont toujours les mêmes qui tiennent la baraka : les animateurs et les musiciens de l'orchestre. La Bamba jouait du piano à l'époque, maintenant il s'est mis au trombone et d'après sa dernière lettre il a fait son trou, si j'ose dire, à Rorbeck.

La première fois, notre première rencontre je veux dire, nous allions sur nos douze ans et nous étions cassés en deux dans les sillons d'un champ de patates, derrière le terrain d'aviation. Le soleil tapait dur et le salaire frisait l'aumône : cinquante-cinq centimes le sac de cinquante kilos. J'avais en ligne de mire la croupe généreuse d'une Polonaise — Rocowski, c'était son nom — qui remplissait vingt-trois sacs dans la journée. De quoi briser le moral de n'importe qui. La Bamba remontait le sillon voisin et me jetait des regards entendus en indiquant du menton le séant stakhanoviste qui crapahutait devant moi. Nous avions une fâcheuse tendance à faire l'économie d'un panier par sac et quand Scroer passait dans les rangs à la tombée du jour, il posait sur notre ouvrage un œil méprisant. Pas dupe, le gars.

Par un bel après-midi de septembre, nous étions penchés sur nos paniers quand un bruit de soufflet nous fit relever la tête. Un planeur jaune, à l'envergure monstrueuse, plongeait sur nous sans prévenir. J'ai piqué une tête dans la terre meuble, essayant de me rappeler ces foutues prières. Quand j'ai rouvert les yeux, La Bamba en faisait autant et le hâle de sa peau avait déserté sa bouille terrifiée. Le planeur s'était posé à quinze mètres de nous, mais sur le terrain appartenant à l'aérodrome. Le soir même, pas téméraires, nous décidions de concert de ne plus jamais remettre les pieds dans un champ de pommes de terre. Trois ans plus tard, je me payais mon saxo et La Bamba enfilait ses premières gammes au conservatoire de Reims.

Le cimetière jaunit sous les derniers rayons d'un soleil tiède. Autour de l'enceinte bétonnée, des architectes épileptiques ont dressé un conglomérat de parpaings ocres, rouges et bleus, figurant — selon les programmes de construction — des marinas, des chalets savoyards ou, plus simplement, des putains de HLM aux minuscules fenêtres.

Mon père ne voit rien de tout cela, tendu vers une tombe de marbre rose, astiquée avec soin et croulant sous les fleurs fraîches.

Je dispose les miennes derrière un livre de granit sur lequel oncles et tantes ont fait graver un dernier hommage. Puis, nous nous concentrons devant la pierre froide alors que le vent se lève et pousse autour de nos pieds gravillons et fleurs fanées.

Au bout de quelques secondes, je relève les yeux vers mon père et surprends ses lèvres en mouvement prononçant à l'attention du monument un véritable discours. Il croit dur comme fer qu'elle est encore là-dessous, à écouter ses mots tendres.

— Papa, ça ne sert à rien. Où elle est maintenant, elle n'entend plus rien.

— Si. Moi, elle m'entend !

Bon Dieu, si c'est ça qui l'arrange, tant mieux pour lui. Je reste un moment à lire sur ses lèvres puis détourne mon regard en direction du visage sur la photo contrecollée au marbre. Un visage sur lequel la folie ne grinçait pas encore.

Je la revois, Maryse, grattant sa guitare sous la véranda à Saint-Ciers, le crâne rasé, invoquant la lobotomie zen ; je la vois, la tête en sang, de la Bastille à la Nation ; levant le poing à la porte d'une usine aux côtés des anars épuisés de la chaîne 21. Oui, je la vois, nue, échevelée, dans les rues froides à minuit, suppliant que l'on coupe l'électricité dans sa tête ; je la vois dans un couloir d'hôpital proposant ses seins blafards aux docteurs médusés ; je la vois, abrutie par les drogues, titubant dans les cellules du vide mental, je la vois jouant le jeu misérable de la guérison, je vois le couteau, l'ombre terreuse sur son visage ; je vois les fleurs, des tonnes de fleurs sur cette tombe encore...

— On s'en va !

Je m'arrache à mon cauchemar intérieur et le cou baigné de sueur, rejoins mon père qui gagne à grands pas son véhicule.

Une fois rentré dans la maison, il me propose de passer la nuit à Reims. J'accepte car il est trop tard pour me remettre en route.

A la fin du repas, il m'entraîne au fond du garage, soulève une bâche et révèle sous l'éclairage du néon ma mobylette bleu ciel en bon état de marche, précise-t-il. Je n'ai pas enfourché une mobylette depuis dix ans mais l'idée me séduit et nous nous occupons une heure durant à briquer l'engin et à tester ses capacités. Je partirai au petit jour et emprunterai des routes secondaires pour gagner Rorbeck.

— Et ta musique, ça va bien ?

— Comme ci, comme ça. C'est dur le saxo.

Il vide un troisième bidon d'essence dans le réservoir du vélomoteur puis, préoccupé, se gratte le menton et glisse, sans prévenir :

— Et cette fille, Lisa machin, tu la vois toujours ?

Je manque m'étrangler de surprise. Ce n'est plus de la mémoire, c'est de la télépathie. L'espace d'un flash, le corps raidi de Lisa se superpose aux chromes rutilants de la mobylette.

— Non, c'est terminé. Je les épuise, faut croire.

— Enfin, du moment que tu peux travailler, c'est l'essentiel. Tu ne fais pas de conneries, Philippe, les drogues, le haschisch et toutes ces saloperies ?

Je n'aurais jamais dû passer par Reims.

— C'est des histoires, papa. Quand les journalistes ne savent pas quoi écrire, ils racontent n'importe quoi !

— Ah bon. Fais attention quand même. Dans *l'Humanité*, ils sont contre.

— Dans *le Figaro*, également.

— Ah, tu vois, c'est un signe, ça !

Cet homme est formidable. C'est mon père. Une race à part que je préserverai aussi longtemps qu'il le faudra. On ne sait jamais : la balle dans son fusil n'est peut-être pas un jouet.

Chapitre 5

Le ciel se plombe soudainement, un vent frais se lève. Loin, très loin, j'entends japper des chiens.

Une forêt de chênes rachitiques longe la route sur le côté droit. A gauche, des champs gorgés d'eau pendant l'hiver exhibent au soleil couchant des carcasses pourrissantes rappelant des betteraves que l'on aurait délavées, tels de vieux jeans, à l'eau de Javel.

L'unique poteau indicateur annonce la première ville à trente kilomètres. J'en suis à détailler, avec des stigmates d'anthropologue, le moindre hameau respirant l'opulence. Peine perdue. Les gens d'ici vivent aussi mal qu'à Barbès et je commence à douter de l'accueil que me fera La Bamba s'il doit lui aussi survivre en binant des betteraves du matin au soir.

Cela fait trois heures maintenant que je me laisse porter par le vélomoteur et Rorbeck n'est plus très loin.

Que vais-je dire à La Bamba ? Impossible d'évoquer Lisa, il me faudra jouer les originaux en mal de changement. Je peux faire ça.

Rorbeck, terminus. Un Balto marécageux scintille dans la grisaille. J'abandonne mon vaillant coursier et, en commandant un café, me penche vers le patron :

— Je cherche un copain à Rorbeck, Richard Minet, vous connaissez ?

Il se tourne en s'esclaffant vers ses casiers et, indiquant du doigt un Red Label entamé, précise :

— C'est sa bouteille !

Parfait. Là-dessus, il me gribouille un croquis rapide du parcours qui me mènera chez La Bamba. J'empoche le plan, salue la compagnie et enfourche ma pétrolette. Après avoir avalé trois virages, je freine devant une bâtisse de pierres grises, en partie rénovée. La plainte ouatée d'un trombone s'étire en glissendos à l'arrière de la maison ; j'abandonne le vélomoteur et contourne l'édifice. A contrejour, je découvre La Bamba — en maillot de bain rose — planté devant un poulailler qu'il gratifie de *Jubilation*, un classique des années cinquante.

Je m'approche sans faire de bruit, les yeux vers le sol, et là il y a deux coqs, séparés par un mauvais grillage, qui se regardent en chiens de faïence.

Mon vieux pote a pris dix kilos et son slip a du mal à retenir cette masse imprévue au niveau de l'estomac. Une fière moustache noire orne sa lèvre supérieure et ses cheveux crépus ont poussé dans tous les sens. Cette végétation bouclée rapetisse son visage pour en faire quelque chose de curieusement délicat.

Il me détaille, lui aussi, des pieds à la tête et prête une oreille distraite à mes mensonges.

— Phil, j'en reviens pas !

— Tu vis tout seul ici ?

La Bamba se gratte la tête, ses paupières s'affolent et il finit par avouer :

— Non, il y a Marouche... et le gosse, évidemment !

J'ai du mal à y croire.

— Tu as convolé, La Bamba ?

— Pas du tout. J'ai rencontré Marouche dans une boîte bruxelloise après avoir lâché Paris. Je ramais dans un quartet soporifique abonné à Lee Konitz pendant qu'elle travaillait derrière le bar. C'est une veuve, et nous sommes repartis ensemble à la mort de mon vieux quand j'ai récupéré cette baraque avec les volières autour...

Il s'interrompt car des talons claquent sur l'escalier de bois qui conduit aux pièces du premier étage. La femme qui vient affiche une beauté froide qui me met d'emblée mal à l'aise. Je ne saurais préciser sa nationalité mais je parie qu'elle est vietnamienne. La Bamba la regarde descendre en ricanant nerveusement, il est fou d'elle et ça se voit.

— Marouche, je te présente Philippe Siren, les meilleurs poumons de Barbès.

Elle s'approche de mon coin et, avec un sourire de bienvenue, me tend la main.

— Beaucoup entendu parler de vous, Philippe.

— En mal, j'espère ? je demande, innocemment.

— Si c'était en mal, vous ne seriez pas ici, n'est-ce pas ?

La Bamba et moi, nous nous permettons un sourire entendu et, du coup, je la trouve bigrement sympathique. Je recommence pour elle à débiter mes inepties sur le besoin de changer d'air et la nécessité de trouver un espace propice à développer mon inspiration.

Elle m'écoute poliment, avec un petit sourire au coin de la bouche qui en dit long.

Son fils, qui culmine à ma hauteur et doit progresser vers ses 13 ans, débarque à l'improviste et toute cette belle famille se met en quatre pour préparer le petit déjeuner. Le gosse détale bientôt en direction du lycée et Marouche emballe le moteur de la 2 CV pour rejoindre un bar de Denain qui l'occupe huit heures par jour à servir des tonneaux de bière aux paysans du coin.

La Bamba me prend brusquement à partie :

— A vrai dire, on ne sait même pas s'il est mort !

— Hein ?

— Je parlais du mari de Marouche.

Elle est veuve mais son mari n'est pas mort. C'est lumineux. La Bamba se penche sur la table basse, saisit une pipe courbe et, tout en la bourrant, explique :

— Kieu Phamg, c'est son nom. Il ramassait les paris clandestins pour les books chinetoques du XIIIe, à Paris. Marouche pense qu'il a dû refaire ses patrons en prenant des mises mais sans les déclarer à l'organisation...

— On se croirait dans le Lotus Bleu !

— J'exagère à peine. Ils sont quinze mille Jaunes entre la place d'Italie et la Porte d'Ivry et la plupart n'ont pas de ressources officielles, bref, Kieu Phamg n'est pas reparu. Un soir, Marouche a même ratissé toutes les salles de jeux, sans résultat. Ils s'étaient passé le mot : Kieu Phamg, moi pas connaître.

— Et les flics ?

— J'y arrive, camarade. Le commissaire Machintruc, qui a la haute main sur le quartier, lui a confié comme ça que, depuis 1975, il n'y a eu aucune déclaration de décès d'Asiatique dans l'arrondissement...

— Quoi ?

— Hé, oui. A mon avis, quand un type passe la rampe, les bonnes femmes le découpent en petits cubes réguliers et ils en farcissent leur pâté impérial. Avec les os, ils fabriquent des pipeaux pour les mômes et les yeux servent de chatons aux bagues qu'ils te vendent dans les couloirs du métro Châtelet !

— Ces gars-là n'aiment pas le désordre, je rigole.

— T'as tout compris, mec, conclut La Bamba. Il se plante la pipe dans le bec et, indiquant du menton le fond du jardin, m'intime :

— Viens voir la volière.

Planté devant son poulailler, les mains sur les hanches tel un péquenot matois, La Bamba me dresse un historique dithyrambique de son élevage. Trente-cinq coqs de combat — débutants, stars et tocards de série — vivent ici, alimentés à grandes cuillerées de graines germées, stimulés au miel, excités aux fèves macérées dans du Préfontaine.

Les cages sont en réalité des boîtes de contreplaqué d'un mètre carré, isolées par un rembourrage de laine de verre. Seule une meurtrière horizontale laisse filtrer quelques maigres rayons de soleil dans ce gîte obscur. Devant les cages, un poulailler grillagé figure l'espace réservé à la promenade pour les pensionnaires qui, un à un, viennent se dégourdir les pattes et pousser la chansonnette.

Les deux coqs aperçus à mon arrivée n'ont jamais combattu et peuvent donc être laissés en tête à tête avec, néanmoins, un grillage de séparation.

Après le premier combat, c'est chacun son tour pour le décrassage. Le fait de rencontrer un rival, voire même d'entendre son chant, peut provoquer une hémorragie cérébrale chez l'un de ces charmants volatiles. Quant à les laisser folâtrer dans le même poulailler, il n'en est pas question car ils s'entretueraient avec une énergie toute juvénile.

J'ai du mal à m'y faire. La Bamba se lance dans le panégyrique d'un certain Roxy, cinq fois vainqueur sur les gallodromes du secteur et pour lequel il nourrit une tendresse particulière. Il s'approche de la cage 12, tire le loquet et ramène à la lumière une volaille écrétée qui darde sur son maître un œil courroucé, pénétré d'une invraisemblable prétention.

— Roxy, le tueur de Rorbeck, l'ange exterminateur ! présente La Bamba.

— Il a une sale gueule, ton poulet !

La Bamba me toise avec commisération.

— Mon poulet, comme tu dis, m'a rapporté cinq mille francs en quatre concours...

— Quels concours ?

— Des combats, merde, tu débarques ou quoi ?

Effectivement, je ne l'avais pas imaginé en éleveur de coqs de combat. Il m'apprend de façon fragmentaire et hachée, que ses coqs sont sa principale source de revenus car il n'a rencontré dans la région qu'un seul musicien capable de jouer correctement : un batteur qui travaille dans un bureau de poste à Orchies.

Finita l'ivresse des nuits entières consacrées aux improvisations, aux sessions non-stop. La Bamba repasse ses vieux disques sur sa mini-chaîne les soirs de nostalgie et souffle pour les locataires de la volière afin de conserver le tonus, me confie-t-il. Qui plus est, ça calme sa basse-cour d'entendre du Slide Hampton au réveil et des standards de Count Basie à l'extinction des feux.

— Un tromboniste qui joue pour des poulets n'est plus un tromboniste. Seulement un mec qui s'emmerde dans son jardin, dis-je.

Ça le secoue un peu et, brusquement, il abrège la visite.

— Tu restes combien de temps ? demande-t-il.

— Je ne sais pas, je n'ai rien décidé.

Il se gratte la tête, embêté, et fait claquer ses bretelles américaines sur son poitrail confortable.

— Écoute, Phil, pour ce soir tu peux prendre le lit du gosse mais si tu restes plus longtemps je peux t'avoir une piaule dans le patelin...

Je proteste, ennuyé d'avoir à préciser la modestie de mes finances, puis m'embrouille dans mes dénégations et finalement il comprend que ma planche à billets n'est pas au mieux de sa forme.

— Vieille noix, je t'avance le fric et tu me rembourses petit à petit.

— Pour rembourser, il faudrait que je puisse jouer quelque part...

Il se lève soudainement, pose sa pipe et attrape un vieux blouson de cuir.

— Arrive, j'ai une idée.

Chapitre 6

— Du jazz ?

— Oui, du jazz. Tu as quand même entendu parler de Louis Armstrong, Sidney Bechet, je sais pas moi...

Le visage du cafetier se plisse dans un honnête effort de mémoire mais il finit par balancer la tête de gauche à droite en signe de dénégation. Le jazz n'est pas arrivé jusqu'à Saint-Amand-les-Faux. La Bamba plonge dans son verre, penaud, et me confie en aparté :

— On pourra rien en tirer.

J'acquiesce distraitement. Son idée est bonne, pourtant. Et simple. Moi au saxo, le batteur des postes derrière ses drums et La Bamba opérant un retour triomphal derrière un clavier. Un trio tout à fait fringant pour réveiller les masses du Nord-Pas-de-Calais. C'est sans compter avec l'obscurantisme musical de la région. La Bamba, résigné, règle les consommations et nous quittons sans regret l'estaminet de briques rouges.

Nous marchons sur une cinquantaine de mètres quand un type essoufflé arrive à notre hauteur.

— Hé, j'ai tout entendu...

Nous nous retournons tels deux automates synchronisés. L'homme accuse la trentaine, visage cireux et moustache d'otarie.

— ... moi ça m'intéresse, un trio de jazz !

— Bon Dieu, qui êtes-vous ? demande La Bamba.

L'homme déboutonne son col de chemise et sort un paquet de Gauloises.

— J'ai ouvert, il y a trois mois, une petite boîte mais ça démarre difficilement et je cherche justement un petit orchestre qui puisse retenir les clients après minuit.

Le gros me jette un coup d'œil rapide.

— A Saint-Amand ?

— Bien sûr, répond l'autre.

— On y va, dit La Bamba.

Après avoir conclu l'affaire avec Dutilleux, le gérant du Flamingo, La Bamba me raccompagne à Rorbeck et entreprend le patron du café qui m'a accueilli ce matin. Ils mènent une tractation obscure dont les finesses m'échappent. Le but de l'opération consiste à m'obtenir une chambre libre au premier étage de la bâtisse.

J'en profite pour expédier une carte postale au vieux Max Rupert qui doit se lamenter de mon départ aux quatre coins de Barbès.

Nous sommes à la mi-journée et, par les vitres proprettes du café, j'aperçois une humanité de gaillards blondasses penchés sur leurs vélos, zigzaguant entre les déchets des mines qui constituent les seuls reliefs de cette campagne uniformément râpée.

Jean Cachin, le cafetier, et La Bamba me rejoignent près du bar. La cause est entendue, j'emménage demain matin. Nous contournons la volière située à l'arrière du bâtiment et, par un chemin poussiéreux qui déploie ses méandres entre les pyramides de terrils, regagnons la maisonnette du coqueleux musicien.

Chapitre 7

Allongé sur mon lit, au-dessus du café, je repasse en accéléré les événements de la semaine. Un sentiment de vide total, de creux insulaire, me traverse brutalement. Ousmane, Lisa, Elvis défilent sur mon cinémascope mental, telles des marionnettes agitées par une main fébrile. Abruti de fatigue, je me sens glisser dans le sommeil et seule la voix de Lisa parvient encore jusqu'à moi. Elle balbutie des mots sans suite, les jambes carbonisées, le visage tordu dans un dernier rictus, au cœur d'un pétillement de braises rougeâtres.

Sur le coup de 11 heures du soir, j'émerge de mon cauchemar, le corps trempé de sueur et l'angoisse au ventre. J'allume la veilleuse pour tenter de renouer avec la réalité et petit à petit, je les entends rugir.

Soirée de gala, ce soir à Rorbeck — ça me revient tout à trac — et le concours a lieu dans le gallodrome situé sous ma chambre.

Impossible de fermer l'œil avec le tintamarre qui monte jusqu'à moi. Je m'arrache à mon lit et, l'œil miteux, descends à tâtons l'escalier aux marches disjointes.

J'ouvre la porte qui communique avec le lieu du massacre et, tout de suite, une masse compacte de cris, d'odeurs, de fumée, me viole les sens. Deux cents possédés, la trogne écarlate et le verbe haut, sont empilés sur des gradins de bois qui cernent irrémédiablement une sorte de ring surélevé éclairé *a giorno* par quatre projecteurs. Ils appellent ça un parc, je l'apprendrai plus tard. Il est fermé par un grillage et sa superficie ne dépasse pas quatre mètres carrés.

Sur le tapis central maculé de sang, deux coqs, toutes plumes dressées, se gargouillent des obscénités dans leur langage pourri. Accrochées au plafond par des ficelles, des ardoises annoncent les noms et qualités des protagonistes : Fausset, 8 livres, Rep, 8 livres. De l'autre côté du parc, le nez collé au grillage, deux créatures cacochymes encadrent un robuste gaillard au visage impassible et portant casquette écossaise. L'arbitre et ses deux assesseurs.

Les combattants s'avancent dans un silence tendu, troublé ça et là par des enchères tardives de parieurs enragés. Puis c'est le choc, et j'en ai le souffle coupé. Avec une violence insoutenable, les deux coqs se jettent l'un contre l'autre à cinquante centimètres du sol. Deux boules de feu, les plumes du col hérissées de colère, s'entremêlent sauvagement. Des hurlements d'encouragement jaillissent du public alors que les volatiles se ramassent, passablement sonnés, chacun dans leur coin. Leurs ergots sont sertis d'un éperon d'acier et, dans la bagarre qui les propulse au centre du parc, la lumière des projecteurs accroche des reflets sur le métal qui virevolte dans un maëlstrom de plumes emmêlées.

Un second puis un troisième assaut succèdent au premier choc. Fausset, touché, clopine laborieusement alors que Rep, sûr de l'issue du combat, parade en adressant de petits coups de tête à l'attention de son adversaire. A la quatrième reprise, la foule des habitués est debout. Ça gueule de tous les côtés quand mon voisin m'attrape le bras avec frénésie, hurlant dans mon oreille :

— Rep, dix mille ?

— Lâche-moi, ducon !

Interdit, il recule vers le banc arrière alors qu'avec un hurlement féroce Rep jaillit sur la tête de Fausset et plante son éperon droit directement dans le cou du coq bleu. Celui-ci chute lourdement sur le tapis rugueux, se redresse une fraction de seconde, tangue et roule sur le dos, pattes en l'air et proprement rétamé.

Les balourds applaudissent, sortent leurs billets et se congratulent pendant que les coqueleux récupèrent leurs champions.

Je me rassieds, fébrile et suffoqué, alors qu'un jeunot aux yeux rouges me réclame mon billet. Je règle mon dû et, relevant la tête, aperçois La Bamba, entouré de sa petite famille, qui progresse lourdement vers le parc. Au creux de son bras, je reconnais Roxy, le champion du canton, qui roule des yeux furieux, stressé comme c'est pas permis par le brouhaha et la fumée. Son concurrent est lové, lui aussi, à la saignée du coude d'un éleveur qui s'avance, hilare, vers le parc.

L'homme, noir de peau, entretient une végétation bleutée sur sa tête alors que son coq affiche un plumage vert à festons orangés. On se croirait dans une toile de Jasper Johns et j'écarquille les yeux devant cette cacophonie chromatique. Le Nègre aux cheveux bleus est accompagné par l'une des rares femmes perdues dans l'assistance. Elle a un toupet blond sur le haut du crâne qui offre une parenté certaine avec la coiffure Iroquois et son œil gauche a une fâcheuse tendance à se cantonner à l'extérieur de l'orbite. Ces détails mis à part, elle est vêtue d'une robe de velours rouge à cerceaux d'un goût tout à fait exquis.

Chez les gens du Nord, c'est le tollé. Du coup, l'enfant du pays c'est La Bamba avec ses bretelles américaines, sa coupe afro et sa femme aux yeux bridés !

L'un des vieillards remonte les ardoises et l'on apprend que Roxy va devoir se frotter à l'implacable Tonton Marcel. Je repère derrière le grillage La Bamba qui, aidé par Marouche, enfile à son bébé les éperons de cinquante-deux millimètres. Longueur obligatoire certifiée par *Le Coq gaulois*, la gazette du coqueleux qui fait mon éducation depuis cinq bonnes minutes.

C'est toute une affaire d'armer les coqs. La Bamba sue à grosses gouttes pour calmer sa bestiole pendant que Marouche pose sur l'ergot un coton mouillé, enfile la première douille puis la seconde avec l'éperon et, pour terminer, enveloppe l'ensemble dans un fourreau de cuir.

Tan, le fils de Marouche, prend des paris dans son coin. Les autres en font autant et ça engendre un boucan du diable dans la baraque. C'est la rumeur qui m'a réveillé un peu plus tôt.

Roxy 10 000, Roxy 8 000, Tonton Marcel 12 000, Roxy 13 000, Tonton Marcel 10 000. Je n'imagine pas qu'il puisse s'agir de nouveaux francs. Ici, les enchères se lancent encore sur la base de l'ancienne parité.

Marouche vient me rejoindre sur mon banc car « Rep à 10 000 » s'est éclipsé entre les deux concours. Elle aussi donne maintenant de la voix : Roxy 15 000, Roxy 20 000 !

Des hommes, autour, visages neutres, barbes crissantes, se retournent de temps à autre et d'un signe discret lui font comprendre qu'ils acceptent l'enchère.

Le silence se fait peu à peu. La Bamba et l'Oncle Tom montent sur le parc, lâchent leur protégé chacun dans leur coin, puis redescendent lentement.

— Ils n'ont pas le droit d'encourager les bêtes sur le parc, me souffle Marouche.

Dur, pour les coqs. Un mot gentil, ça aide parfois.

Un scénario à peu près identique au premier combat se reproduit devant moi. Cette fois-ci je me sens concerné car Roxy est en train de faire passer le goût du grain à Tonton Marcel. L'éleveur infortuné pâlit sous sa peau sombre mais, rastaquouère, se marre en donnant des coups de coude à sa compagne tel un zozo de dix ans qui refuse la défaite. Nous en sommes à la sixième attaque. Les deux volatiles jaillissent très haut, leurs membres musculeux claquent et explosent en feu d'artifice. La bave gicle alors qu'ils roulent au sol dans une gerbe de plumes lustrées venant mourir lentement, une à une, sur le tapis perlé de sang brun.

Un spasme libérateur secoue les rangs alors que fusent les sifflets et les gueulantes victorieuses.

Roxy s'est redressé et se dandine, le jabot suffisant, autour du second coq qui essaie de résoudre un problème oculaire certain. L'éperon de Roxy s'est fiché dans son œil et a décaloté l'ensemble du lobe qui traîne à terre, retenu à l'orbite par un mince lambeau de chair.

La bête est carrément à genoux et fait des efforts désespérés pour ne pas hurler sa douleur. Marouche consulte sa montre et me glisse dans l'oreille :

— Encore quinze secondes !

— Pour quoi faire ?

— Pour gagner. S'il reste une minute à terre, nous avons gagné.

Les parieurs qui ont misé sur Tonton Marcel clament des « debout, salope » à qui mieux mieux mais rien n'y fait : le coq est hors de combat. Le juge se lève et brame « ROXY VAINQUEUR ! »

A mes côtés, Marouche trépigne. La Bamba saute sur le parc, saisit sa bête et l'étouffe de baisers fous. Pendant ce temps, le père spirituel de Tonton Marcel s'est hissé, lui aussi, sur l'estrade. Il se penche sur son coq et, d'un coup de couteau rageur, tranche le cou de l'animal. Là, quelque chose cloche car tous les murmures s'arrêtent brutalement pour redémarrer, bouffis d'opprobres. Les spectateurs sifflent le Noir pendant que l'arbitre, furieux, se précipite vers lui.

— On ne fait jamais cela sur le parc, bougonne Marouche.

L'homme aux cheveux bleus se redresse et, toisant la foule, balance avec un rire méchant la tête du coq sur les premiers rangs. Les gros bras redoublent d'invectives et le couple mauvais perdant doit abandonner la place sous les lazzis et les injures.

Moi, je le trouve plutôt sympathique, ce type. Pourquoi cacher sa peine, sa déception ? Il avait fière allure avec ses cheveux bleus, son cou de poulet et sa Pasionaria écarlate derrière lui, dont le regard disait clairement : Allez Vous Faire Foutre, Sacrée Bande De Cons !

Je me penche vers Marouche.

— Tu t'es fait combien ?

— Avec les paris de Tan, on doit avoir dans les 900 francs. On récupère aussi la mise de Tonton Marcel, ça nous fera 1 400 francs au total. C'est une bonne soirée, conclut-elle.

— Combien de combats par semaine ?

— Deux. Vous commencez quand au Flamingo ?

— On répète demain toute la journée et si ça fonctionne on pourrait débuter samedi soir.

Elle hoche la tête, préoccupée.

— Philippe...

— Oui ?

— N'emmerde plus La Bamba au sujet des coqs !

Là-dessus, elle redescend les gradins alors que les projecteurs s'éteignent pour laisser place à la clarté économe d'un néon souffreteux.

Chapitre 8

Le postier frappe ses tambours sans complexe et son visage de fan esseulé est habité par un bonheur inconvenant. La Bamba a fait l'effort d'endosser un costume de lin boudiné aux articulations mais ses accords, plaqués d'une main alerte, sont d'une précision maniaque.

Pour ce qui me concerne, debout sur le devant de l'estrade, j'essaie de ne pas massacrer le répertoire de Cannonball Adderley. Dutilleux, le patron du Flamingo, nous a demandé un jazz qui balance, plus proche d'un rythme binaire que ternaire. Le gamin des postes — qui professe une admiration sans bornes pour Max Roach — a proposé des hits composés par les frères Adderley.

Ça se passe plutôt bien mais j'ai des doutes sur le volume de la recette. Une quinzaine de couples ingurgite avec parcimonie le bourbon maison et, malgré les suées qu'ils prennent sur la piste, hésitent à consommer plusieurs fois d'affilée.

Nous en sommes à *Work Song* et un soupir de soulagement parcourt les rangs. Ils sont restés pour ça et *African Waltz*. La Bamba s'envole sur un solo interminable mais les sons qu'il arrache au meuble de palissandre feraient défaillir les habitués du Banana. J'assure ma partie sur *Things are getting better* avec en point de mire un monde blanc et ouaté situé au sud de l'inconscient. L'inconscient, a dit Burroughs, est situé derrière la tête, en bas et à droite. Faites passer.

Il est 2 heures du matin et malgré ma taille modeste je me fais l'effet d'être un géant. Un dernier carré d'irréductibles branle du chef et applaudit chaque solo : des gosses découvrant à l'improviste un pot de confiture au fin fond du grenier.

C'est terminé pour cette première nuit. Dutilleux s'approche, alors que nous éclusons un dernier verre. Nous avons droit à 60 % de la recette après minuit soit 200 francs par tête de pipe. Une misère.

J'embarque dans la 2 CV sans âge de La Bamba, et le trajet Saint-Amand-Rorbeck s'effectue dans un silence total. En descendant du véhicule, je perçois les gémissements des coqs qui piétinent à l'arrière de la masse sombre du poulailler.

Je me penche alors vers la glace avant de la voiture et gueule par-dessus les soupirs de la volière :

— Le coup de l'étrier ?

Il mordille sa moustache un moment puis, d'un air décidé, coupe le contact.

J'ai deux cocas qui prennent le frais dans le bas du réfrigérateur, lové entre le lavabo et l'armoire normande. Après avoir lampé une puissante gorgée, je me renverse contre la tête du lit et pose à La Bamba la question qui me turlupine depuis le matin.

— Dis donc, papa, la dernière fois qu'on s'est vus, tu étais avec Mona ! Alors, raconte ?

Il lisse sa moustache avec application et part dans un rire caverneux qui secoue son robuste édifice.

— Une histoire simple, remarque...

— D'accord, d'accord, tout est simple mais moi je suis hyper simplet, alors faut m'expliquer.

Il sue, La Bamba. C'est le Coca mais aussi l'effort qu'il va devoir faire pour raconter son histoire.

— Ben, voilà. Un soir, j'avais un peu bu et en pénétrant dans la piaule, j'ai compris tout de suite que ça finirait mal. Je lui ai dit : « Écoute, Mona, puisque je suis l'épave, le bon-à-rien qui peut plus bander et tout ça, tu prends tes fringues, la bagnole et tu dégages en vitesse ! » Elle m'a fait son sourire dur comme ils ont dans les commissariats et j'ai préféré redescendre à Barbès. Chez Ozouf, j'ai retrouvé Prêcheur qui traitait Videla de con, d'enculé de mes deux et encore autre chose, mais j'ai dit l'essentiel.

— Il a fermé, Ozouf.

— Oui, c'était six mois avant la fermeture. Ils passaient des disques de Gregory Isaacs, toute cette musique reggae...

— D'accord, continue !

— Bon. J'ai bu pas mal avec Prêcheur puis je me suis dit que je pouvais remonter. Elle avait eu amplement le temps de filer. J'ai ouvert la porte et je l'ai vue, sur le lit, installée comme un coq en pâte devant la deuxième chaîne, à bouffer des chips racornies.

— Faut bien manger, La Bamba !

— Ta gueule. Du coup, j'ai pris la Remington automatique derrière l'armoire et j'ai poussé cette salope sur le palier. Faut dire, j'avais bu un wagon. On est descendus sur le toit du garage en contrebas et elle hurlait tout ce qu'elle savait, alors les mecs dans la rue ont levé les yeux vers nous...

— Tu y vas fort, quand même !

— ... et je lui ai dit : « Allez, grouille Mona, saute comme un ange ! » T'aurais vu sa gueule ! Juste après, j'ai commencé à perdre les pédales. Je savais même plus ce que l'on manigançait tous les deux sur le garage, alors je me suis mis la Remington dans la bouche pendant que la Mona couinait : « Oh chéri, mais qu'est-ce que tu vas faire, mais qu'est-ce que tu veux faire ? »

— Faut écrire tes mémoires, mec !

— T'as raison. Les Blacks du premier ont mis un Clifford Brown sur leur platine, un vieux machin et ça m'a éclairci les idées. J'ai lâché la pétoire et me suis carapaté par l'échelle d'incendie.

— Tu l'as revue, Mona ?

— Jamais. Par contre, le lendemain j'ai rencontré Sonia, celle d'avant Marouche.

— Tu perds pas le nord, gros. Comment tu as fait ?

— En quittant l'immeuble, j'ai pris par les petites rues pour échouer finalement sous le métro aérien entre Barbès et La Chapelle. Tu vois ?

— Accouche !

— Faut bien que je t'explique ! J'ai passé la nuit là, et au matin j'ai entendu tous ces bruits à la con qui recommençaient : les carafes de lait, le métro, les voitures et le camion des éboueurs. J'étais affalé juste devant un magasin de frivolités pour femmes et derrière la vitre il y avait cette fille qui me regardait. Elle a pigé tout de suite que j'étais pas très net et m'a rejoint dans les courants d'air. Elle avait des restes d'acné juvénile mais j'ai bien aimé ses yeux gris. Levez-vous ! qu'elle m'a dit d'un air pincé. Voilà, c'est comme ça qu'on s'est connus.

— Alors après, qu'est-ce que tu as fait ?

— Rien. Je me suis levé.

Après le départ de La Bamba, je reste un bon moment étendu sur le lit, les yeux dans le noir. Incongrûment, je me fais la réflexion qu'il est plus rentable de chérir des volailles agressives que de souffler dans un saxophone. Sur cette pensée profonde, je me rencogne dans l'oreiller et plonge instantanément dans un sommeil compact.

Chapitre 9

— Ripoche 20 000 ! Candy 15 000 !

— Candy 25 000 ! Candy 13 000 !

Les paris sifflent dans mon dos. La Bamba tire la langue et fixe la deuxième bague à l'éperon.

— Tiens-le bien, bordel à cul ! s'énerve le gros.

— Si tu crois que c'est facile !

Je suis à Rorbeck depuis une semaine, et ce soir je fais mes grands débuts d'assistant coqueleux. Marouche et son fils font battre un coq à Orchies pendant que nous lançons deux nouveaux dans le grand bain au Vieux Café de Saint-Amand-les-Eaux. A la fin du concours, nous n'aurons que deux rues à traverser pour gagner Le Flamingo, avant que Dutilleux ne s'impatiente.

Ripoche darde un œil fiévreux sur l'assistance, ses plumes de gorge sont hérissées et un cimier rosâtre tremblote au faîte de son crâne. On jurerait qu'il est mort de trouille.

Nous sommes arrivés en retard, ce qui explique que nous armions le coq au dernier moment. La Bamba en termine avec l'éperon. Derrière le parc, un tableau noir annonce le patronyme des combattants. La mise est de 700 francs et La Bamba a conclu trois paris dès notre arrivée. Je lui repasse Ripoche qui se contorsionne pour apercevoir son adversaire, et l'arbitre invite les éleveurs à monter sur le parc.

Au Vieux Café, pas de projecteurs, mais trois globes de verre dépoli, suspendus à des tiges de métal fixées au plafond. L'ambiance est plus cafardeuse qu'à Rorbeck mais l'assistance atteint ici trois cents personnes et les gradins montent très haut le long des murs de l'arrière-salle du café.

Je me tourne vers trois femmes qui lancent des regards attentifs en direction du parc.

— Ripoche 25 000 ?

Elles se consultent mais la plus âgée refuse d'un geste ferme du menton. Je récidive.

— 15 000 ?

La plus jeune, avec une mèche blonde qui folâtre sur son front et des joues rondes et roses, m'adresse un sourire complice.

— D'accord, dit-elle.

Au troisième assaut, les deux coqs explosent en vol. Des plumes rousses et noires éclaboussent le ring alors que Ripoche se dandine de côté tel un boxeur groggy. Une attitude inhabituelle sur un parc et la salle éclate de rire. Candy est couché sur le côté, K.O., à terre. La Bamba trépigne mais son coq, sonné, choit également sur le tapis durci d'hémoglobine.

Les parieurs se lèvent et les noms des deux champions jaillissent dans un orgasme de cris. On se regarde avec La Bamba : il se prend 1 400 francs dans la vue si ce salaud de Ripoche ne se relève pas.

A côté de moi, deux jumeaux aux yeux porcins sifflent d'une voix fluette « Candy, Candy », alors je m'y mets moi aussi et je barris des « Ripoche debout » pendant que La Bamba envoie des prières compétentes au dieu des basses-cours.

Et Ripoche se redresse enfin. On ne peut pas dire qu'il soit bien vaillant mais il est sur ses pattes, l'œil glauque et le plumage déconfit. Les cris vont en décroissant car Candy ne bouge plus du tout et, de ma place, j'aperçois un mince filet de sang qui serpente sous ses plumes de feu.

Ripoche vainqueur. La blessure de Candy n'est pas trop grave, d'après son éleveur, quant à notre protégé il arbore un œil gauche légèrement enflé mais rien de sérieux.

Le deuxième coq de La Bamba, baptisé La Tosca — riez donc ! — rentre en lice à la fin de la soirée. Nous avons donc le temps nécessaire pour le préparer à l'extérieur. La Tosca accuse 10 livres, ce qui est beaucoup pour un débutant. Un toupet de plumes blanches sur sa queue le distingue de ses congénères qui font dans la sobriété des roux, des ors et du noir profond.

Ripoche a regagné sa cellule de bambou, replié dans un mutisme glacial et triomphant. L'heure tourne et je commence à me faire du souci au sujet de l'horaire impératif imposé par Dutilleux.

« La Tosca contre Baudricourt », clame enfin l'arbitre. La Bamba tient sa bête pendant que je libère de leur gangue de protection les pointes acérées.

Quelque chose dans l'attitude du coq m'incite à la prudence et La Bamba, qui n'est pas né de la dernière pluie, décide de surseoir aux paris individuels. Seule la mise d'inscription est donc en jeu.

La Tosca esquive avec adresse. A l'opposé, Baudricourt ne fait pas dans la finesse. Toutes plumes dressées, le bec écumant, il porte des attaques en piqué, tel un Messerschmidt revanchard. Cinq minutes passent ainsi en chassés-croisés, retardant le choc décisif.

La Tosca, distrait par un cri proche du parc, tourne la tête et Baudricourt est déjà sur lui. Ses épées s'enfoncent en soubresauts rageurs dans le plumage du néophyte et La Tosca roule sur le dos, pattes tendues, mort d'avoir cru au langage des hommes.

La Bamba saute sur le parc, ramasse son coq dans une salve d'applaudissements et nous gagnons vivement la cour pavée. Contre un mur souillé, seau métallique entre les jambes, il saigne son coq qui laisse échapper, dans une gerbe incandescente, un dernier spasme. Un mauvais moment à passer. Sans un mot, il enfourne le cadavre dans un sac de plastique et jette le paquet dans le coffre de la 2 CV.

A la lumière des phares, nous faisons les comptes de la soirée quand surgit devant nous le Noir aux cheveux bleus de l'autre soir.

— Alors les mecs, la roue tourne, dit-il sans méchanceté.

La Bamba redresse la tête.

— Un poète, il était condamné, lâche-t-il enfin.

Le mec se permet un sourire.

— Ils sont tous condamnés, papa !

— Pas tous, justement. J'ai Roxy qui a gagné six fois et qui se prépare une retraite de nabab, se marre La Bamba.

L'autre sort des cigares, en propose à la ronde et nous voilà tous les trois à tirer sur nos barreaux de chaise et à refaire le monde des basses-cours.

J'alerte La Bamba sur le temps qui passe et notre rendez-vous au Flamingo. L'autre lève un sourcil intéressé.

— Vous jouez chez Dutilleux ? s'enquiert-il.

Je rectifie avec assurance :

— Nous sommes *le* trio de jazz !

Il parle avec vivacité d'une trompette dans le coffre de sa voiture puis disparaît dans l'impasse attenante. Cinq minutes plus tard nous orientons la voiture en direction de la boîte de nuit, avec le trompettiste antillais qui trépigne dans l'attente de jouer sa musique sur l'estrade minuscule du Flamingo.

Le Martiniquais a passé trois ans à Vegas, dans des combos hargneux qui brûlent les planches toute la nuit durant, et ça s'entend. La Bamba essaie d'oublier la mort de son coq et moi la mort de Lisa.

Les cuivres claquent tels des fouets de rednecks suralimentés et le drummer s'envoie en l'air dans un orage de breaks qui culbutent le piano sur Galactica avec invasion de mutants en cinémascope coca-dream.

Tout y passe : les ventouses nucléaires du funky sound, l'amnésie vibrante de l'afro beat, le curare des vautours sexy-free ! J'ai une pensée émue pour

Bix, Louis, Charlie et John. *A love supreme*. Je suis trop sentimental et ça me perdra.

Sigiesbert a tracé un trait définitif sur l'histoire du jazz. Ce qu'il raconte avec son instrument c'est sa propre histoire, nourrie de toutes les musiques qui passent dans le secteur. Le magma qui déserte le pavillon de sa trompette touche au sublime et le premier mot qui me vient à l'esprit pour parler de son jeu, c'est bonheur. Ce type-là prend un plaisir fou à jouer. C'est ce qui nous rapproche car, contrairement à lui, j'ai choisi de m'appuyer sur les grands standards de la soul music pour les accommoder à ma façon.

Trois connaisseurs dans le coin le plus sombre poussent de petits cris aigus à chaque solo, alors que la majorité du public applaudit poliment à la fin des morceaux. La Bamba plaque des accords synthétiques sur le Pleyel qui ronfle telle une locomotive en délire.

Sur le coup des 3 heures du matin, nous quittons la boîte, trempés de sueur et ivres de sons. Sigiesbert a trouvé un engagement dans un Big Band hollandais et doit gagner Bruxelles dans trois jours. Il laissera sa petite amie à Saint-Amand, pendant la durée de son contrat.

Après le coup de l'étrier au buffet de la gare, il nous promet de passer à Rorbeck le matin de son départ. La Bamba sortira des rillettes pour la circonstance. Avant de s'esquiver, le trompettiste me retient par la veste.

— Hé Siren, tu fais pas les coqs, toi ?

J'éclate de rire pour cacher ma gêne, surtout en présence de La Bamba. Il est toujours difficile d'avouer que l'on est fauché. Les paris que j'ai pris, je les ai pris avec l'argent de La Bamba. Mais Sigiesbert ne peut pas le savoir.

La 2 CV s'enfonce dans la campagne rase, qui révèle au clair de lune des façades uniformes de briques rouges. Seule la fumée qui s'échappe des tuyères révèle que, derrière cet univers de poussier, des hommes et des femmes vivent et se consument, pareillement à ceux qui se calcinent sous le soleil. Et pour la première fois, confusément, j'ai l'impression de faire corps avec les lieux et les habitants. Je me sens bien tout d'un coup, sans passé, un homme neuf.

Il y a des souffrances muettes, là autour. C'est marqué sur les murs et dans les courettes des corons. Je comprends mieux les combats, les coqs, en découvrant les terrils, les cheminées, les maisons de mauvais parpaings avec la marche — un vrai casse-gueule — et tout le bazar et son train.

Chapitre 10

Le jour, ou plutôt sa caricature, se lève lentement entre les tuyères. J'ai posé le portrait de ma mère sur la cheminée. Celui avec les cheveux comme Greta Garbo. Mes vieilles partitions traînent sur le sol et le saxo somnole dans son étui. Le papier peint se fissure, prend la jaunisse aux extrémités et la vieille photo de Charlie Parker noie son sépia dans les ocres du mur, au-dessus du foyer.

Jean vient de me monter une lettre. Impossible que l'on m'écrive ici. Max Rupert n'a pas expédié une seule missive depuis celle à Mac Carthy demandant que l'on épargne les Rosenberg et il est le seul à connaître mon adresse. Je me décide finalement à l'ouvrir. Le texte est bref et tapé à la machine :

Qu'as-tu fait de Lisa ?

Il me faut un bon moment pour me remettre. Je comprends tout de suite que cette dernière journée, où j'ai pu tout oublier dans la fièvre du concours et l'ivresse de la musique, ne se répétera plus.

J'ai dû faire quelque chose, je ne sais pas, une erreur. Quelque chose.

En regardant mieux, je m'aperçois que la lettre a été postée à Rorbeck. Quelqu'un d'ici ? Ça n'est pas pensable car même à Barbès, très peu savaient pour Lisa et moi. Alors qui ?

Et puis surtout, ça me vient maintenant, pourquoi ? Car c'est là où le bât blesse : elle est anonyme. Quelqu'un qui exploite quelque chose, un petit savoir, et qui veut l'échanger. Mais contre quoi ?

Je n'ai rien à donner.

Il fait une chaleur insoutenable dans la chambre. Ma gorge est sèche et je vais ouvrir la fenêtre. J'aspire à longues goulées l'air chargé d'ozone qui passe à ma portée puis reviens dans la pièce. Je retourne la missive sous toutes les coutures, une fois, deux fois, trois fois.

Putain de merde, pourquoi ?

Sur le chemin qui me conduit chez La Bamba, je me surprends à dévisager les rares passants. Et si c'était lui ? Ou celui-ci ? On commence à me reconnaître dans le village et ceux qui m'ont vu tenir le coq de La Bamba me saluent d'un mouvement de menton. Ça ne va pas jusqu'à me payer un verre, mais c'est déjà ça. Quelque part dans ma tête je sais bien que celui qui m'écrit n'est pas d'ici.

Marouche est seule dans la cuisine. Elle remplit une cafetière de la main droite et, de la main gauche, tourne les pages d'un livre aux angles écornés.

— Il n'est pas là. Il a conduit Tan chez le docteur à Saint-Amand.

— Grave ?

— Non, juste un vaccin. Tu prends du café ?

J'acquiesce d'un battement de cils. Elle porte une robe à motifs géométriques imbriqués les uns dans les autres et son rouge à lèvres tire avec insistance sur le violine. On a l'impression qu'elle est déjà morte trois fois mais ce matin elle fait l'effort de paraître en forme.

Il fait un petit soleil chaleureux dans la pièce, le café ronronne, la maîtresse de maison est accueillante. Une bonne journée qui commence, en somme.

Mais pas pour moi. Pas pour moi.

Je sens dans ma poche les contours précis du rectangle de papier blanc qui vient de réinsérer Lisa dans le circuit et j'en ai pour un bail avant de pouvoir communier dans un bonheur simple et paisible.

— Tu ressembles à Latil, dit Marouche.

— Qui ça ?

— Latil, un journaliste français que j'ai connu au moment de la libération de Phnom Penh par les Khmers rouges.

— Tu n'es pas vietnamienne ?

— Cambodgienne.

— Ah bon ! Qu'est-ce que tu faisais au Cambodge ?

— Bonne question, Philippe, mais j'ai oublié la réponse. De toute façon, l'occupation majeure au Sud-Est asiatique consiste à faire la guerre ! réplique-t-elle amèrement.

J'avale une grande gorgée de café alors qu'elle détourne la tête.

— Vous en avez bavé au Cambodge ?

Elle ne répond pas tout de suite mais paraît réfléchir et commence d'une voix douce et contenue :

— Ils passaient du Johnny Cash à la radio. Tous ces vieux airs de pénitencier, *Lumberjack*, *Old Doc Brown*, tout ça. On n'avait plus l'énergie pour enterrer les cadavres. Juste avant la pluie, l'odeur de pourriture montait lentement, traversant tout. Je n'ai jamais *senti* la mort d'aussi près. Les reporters américains prenaient des cuites carabinées pour oublier qu'ils avaient peur. Quant aux GI's, on leur permettait de tremper leur biscuit une dernière fois avec des vierges sélectionnées qui tapinaient pour bouffer des restes de pop corn...

— La pourriture du capital et la perversion asiatique, en somme ?

— Oui, Philippe, mais le diable est très puissant dans cette affaire. J'ai vu des douleurs innommables, tu sais, des choses inouïes, affirme-t-elle, laissant son regard dériver sur le jardin qui descend en pente douce jusqu'à la volière.

— Ton mari ?

— Il est resté plus longtemps. Je suis revenue par la filière américaine mais je me suis fait descendre à Vienne et j'ai gagné Paris en train. J'en avais assez des Ricains, ils t'embrassent avec leur chewing-gum et te baisent avec une bouteille de Coca.

— Il s'en est sorti comment, lui ?

Son visage s'assombrit soudain. Les épreuves, la peur et, probablement, les clients d'un bordel de Phnom Penh l'ont vieillie prématurément. A trente ans, elle en paraît quarante.

— Dans les derniers temps, il avait des relations avec l'état-major sud-vietnamien. Il a travaillé pour eux et a pu rentrer par la mer jusqu'à San Diego puis m'a rejoint à Paris un peu plus tard.

— Quel genre de travail, Marouche ? je demande.

Elle paraît désemparée, tout à coup.

— Je... je ne sais pas, pas vraiment... la coke, peut-être ! C'est pour ça qu'il a disparu.

— Tu es sûre de sa mort ?

— Oui. Si je n'étais pas certaine, je continuerais à l'attendre.

Elle se tourne à ce moment-là vers la fenêtre et son visage s'éclaire car son fils et La Bamba, après une visite à la volière, remontent vers la maison. Alors qu'elle se lève pour les accueillir, un murmure franchit ses lèvres :

— Ma vie est ici, quoi qu'il arrive.

Quand Sigiesbert pénètre dans la maison, je mets un terme à une partie de Monopoly avec Tan. Son sourire révèle une double rangée de crocs blancs, affûtés pour mordre dans la vie à belles dents.

— Forçats du bop, bonjour ! clame-t-il.

Nous passons un temps infini à évoquer nos expériences de souffleurs. Sigiesbert n'est pas en reste quand il s'agit d'évoquer des anecdotes. Il se lance dans une description minutieuse des combats de coqs antillais. Combats rituels, traversés par le sacré puis se tourne enfin vers moi avec un petit sourire :

— J'ai un cadeau pour toi, Philippe !

Là-dessus, il nous fausse compagnie, sort de la maison et revient peu de temps après, tenant contre lui un coq malingre au plumage rouge.

— Je laisse tomber les coqs, dit-il. Trop de boulot à Bruxelles et pas le temps de revenir ici pour m'en occuper. Si tu veux, il est à toi !

J'écarquille les yeux pendant que La Bamba se marre dans son coin.

— Mais, vieux, j'ai jamais fait ça. Je n'ai pas de cage, ni rien...

Le Noir balaie tout cela d'un large geste de la main.

— C'est un excentrique que j'ai rapporté de Fort-de-France. Il dort dans un fauteuil, bouffe du pistou et contrairement aux autres, reconnaît son maître.

D'un mouvement enjoué, Sigiesbert m'expédie sa volaille sur les genoux. Le coq, interloqué, darde vers moi une prunelle étonnée et fureteuse. Il me jauge, la vache. Je passe le doigt sur son cimier rasé, soulève ses plumes, palpe ses ergots. Il est maigre et droit comme un I. On se regarde un moment les yeux dans les yeux puis le coq, satisfait, se love au creux de mon aisselle alors que La Bamba demande :

— Il a un nom ?

— Il en avait un à la Martinique mais qui ne veut plus rien dire par ici...

Je me creuse un moment, essayant de trouver un patronyme convenable pour mon pensionnaire.

— Charlie ! Qu'est-ce que vous en dites ?

— Comme Parker ? demande Sigiesbert.

— Oui, comme Parker.

— Superbe !

Là-dessus, La Bamba sort la bouteille des grands jours et, comme pour le baptême d'un transatlantique, brise le récipient sur les ergots du coq qui piaille sur tous les tons.

Maintenant, nous sommes deux. Charlie et moi nous allons casser la baraque. Personne n'en doute ici et, curieusement, c'est à ce moment précis que le texte de la lettre me revient en mémoire. Mais stimulé par l'alcool, je remise mes idées noires et me mets au diapason de la bonne humeur générale.

Chapitre 11

— Tu le laisses faire une fois ou deux, mais pas plus, me conseille La Bamba.

Je suis à l'arrière du café, dans la volière de Jean, avec Charlie et La Bamba. Nous avons appuyé contre le grillage du poulailler un miroir de bonne dimension et je viens de lâcher le coq à l'autre bout du promenoir.

Il s'avance, le port altier, l'œil impérial, et je dois reconnaître que cette boule de plumes peut me rapporter le magot si je m'y prends bien. Charlie vient de stopper à deux mètres de la glace et, les yeux exorbités, considère avec furie et stupéfaction cette volaille impudente que lui renvoie le miroir. En deux coups d'ailes, il rattrape sa propre image et à l'aide de ses ergots — non armés, bien entendu — frappe comme un dératé le corps de cet intrus. Sous le coup de la colère, il donne de la tête contre la glace et s'étourdit lui-même, projeté, les pattes de guingois, hors du reflet.

Il se redresse tant bien que mal, récupère son image, ébahi et tout autant courroucé. Un deuxième choc contre le miroir, puis un troisième, confirment ce que nous pensions : Charlie est un sacré bagarreur, agressif et teigneux. A ces qualités propres aux coqs de combat, il ajoute une humanité certaine dans la vie quotidienne. On peut le sortir car sa violence n'est pas aveugle.

Pendant que je retiens le coq, La Bamba subtilise le miroir et lui fait réintégrer l'arrière-salle du café. Je repose Charlie au sol. Conscient d'avoir arraché une victoire, il se pavane tel un milord, jouant de la prunelle et donnant de la voix. Son chant créole déclenche dans les cages alentour un tohu-bohu indescriptible et nous décidons d'arrêter là notre expérience.

Comme je regagne le café, La Bamba s'esquive, prétextant des courses urgentes à effectuer du côté de Valenciennes.

Le jour tombe lentement sur la plaine. De la fenêtre de ma chambre, je distingue les stèles funèbres des terrils qui commencent à se dissiper dans la nuit. Les cathédrales de suie crachent encore de mauvais gaz, surplombant les cockeries qui émergent du voile opaque noyant le décor de l'aube à l'aurore.

Des odeurs de bière et de frites confondues montent du café qui tremble sous le rire sain de la serveuse, une grande fille pâle aux seins menus et à l'accent chtimi fortement prononcé. A ces relents civilisés d'autres émanations, d'autres bruits, se mêlent dans un concert destiné à rallumer les sens. La prégnance écœurante et lourde des excréments de la volière et les sons étouffés par l'épaisseur des cages m'évoquent ceux qui se meurent à l'extinction des feux, dans les cellules de prisons. Corps courbaturés s'apprêtant pour la nuit, toux rauques, cris plaintifs boursouflés de désir, crachats évacués dans l'incognito fragile de l'obscurité.

Charlie se dégourdit les pattes, arpentant la chambre d'un œil intéressé. J'ai décidé de le garder près de moi tout le jour durant, mais je le descends à la nuit tombée dans une cage que Jean laisse à ma disposition au fond de la volière.

Je le gave depuis trois jours d'un mélange de blé, de maïs et d'avoine mais rien n'y fait. Il est sec comme un coup de trique. La Bamba m'a confié, d'un ton important, que c'était probablement psychosomatique.

Pour tester sa combativité, le gros me prête un coq ordinaire et demain matin nous mettrons les deux bestioles en présence. Charlie, sans ses éperons, devra prouver son savoir-faire. Je ne m'apitoie pas longtemps sur le sort du coq domestique qui, m'assure La Bamba, doit finir dans la casserole en fin de semaine.

Avant de le descendre dans sa cage, je lisse ses plumes une dernière fois pendant qu'il dévore à plein bec deux feuilles de salade et, rassasié, se recroqueville au pied du lit.

Chapitre 12

Chaque matin, dans ce département, le soleil se pose un grave problème de conscience. Sur le coup des 7 heures, avec une bonne volonté évidente, il montre le bout du nez puis, écœuré par la sinistrose ambiante, décide finalement de réserver sa chaleur à des lieux plus réceptifs. Il est 9 heures à ma montre et le ciel a repris sa couleur uniforme, gris souris à taches blanches. C'est le moment choisi par Jean pour me monter le courrier.

Elle est là, blanche, quasiment immatérielle. Je saisis la lettre et, sans tergiverser cette fois, la décachette d'un coup d'ongle.

Et la came, baby, où t'as mis la came ?

Salut, Elvis ! *The King is coming back.*

En dépit de l'atmosphère moite, confinée, qui règne dans la chambre, je me surprends à frissonner. Il réussit dans son entreprise de démolition car je commence à me faire des cheveux. J'ai le sentiment pénible que ce que je construis laborieusement ici est destiné à voler en éclats. Il est fort, très fort.

Je me campe devant la glace murale mangée par la rouille qui me renvoie une image consternante :

un James Dean vieilli sur le corps d'Yves Saint-Martin.

Je décide dans l'instant de prendre des mesures de sécurité. Lors de ma dernière visite à La Bamba, Marouche, ouvrant un tiroir de table de nuit, a mis à jour un revolver très sérieux de marque italienne. Il me le faut.

Je balaie d'un coup de peigne ma banane clairsemée, enfile mon jean et pose sur mes épaules pointues mon vieux blouson en daim.

En m'approchant des cages, je reconnais le timbre excentrique de Charlie. Je libère le panneau et mon tueur à gages vole dans mes bras. Déjà crispé à l'heure du café au lait, il pique du bec aux quatre vents essayant de repérer un rival en vadrouille.

La Bamba jaillit lourdement dans le poulailler tandis que je termine de préparer la bouillie de Charlie. Son coq domestique piétine dans une cage et lui-même est engoncé dans une veste de l'armée sudiste américaine.

— *All right for King Creole ?*

— En pleine forme, je réponds.

J'envisageais de tester La Bamba au sujet du revolver mais je décide brusquement d'y surseoir. Je réglerai ça tout seul.

Le protégé de La Bamba ne paraît pas rassuré dans cet environnement inconnu. Il fait quelques pas, remue la queue et pousse un chant royal qui s'étrangle rapidement quand il découvre Charlie à l'autre extrémité de la volière. Les deux crâneurs se tournent autour puis Charlie s'élève au-dessus du coq domestique et en deux coups d'ergots blackboule le chef de basse-cour dans une confusion de cris et de plumes mêlés. Le deuxième assaut est plus sévère. Charlie mord du bec la crête de son adversaire et, ainsi arrimé, entreprend de lui refaire le portrait. L'autre se rebiffe et ils en viennent carrément aux pattes. A l'improviste, mon coq surgit en piqué et plante son bec dans le cou du novice qui s'écroule sur le flanc, sévèrement touché.

La Bamba rentre avant moi dans la volière, saisit le perdant et disparaît dans la cour pour saigner sa bête et lui épargner ainsi une agonie douloureuse. Charlie, pas gêné, se pavane autour de la volière, dardant un œil vainqueur sur les cages hermétiques qui caquettent tout ce qu'elles savent. L'affaire a été conclue en trois minutes et sans éperons. Je ramasse mon champion, qui tremble encore, et nous allons arroser de belle manière cette démonstration en pensant déjà au premier vrai concours, dans deux jours à Bruay.

Pour le revolver, ce sera facile. Demain j'irai chercher La Bamba avant notre set au Flamingo, c'est bien le diable si je ne parviens pas à m'isoler trente secondes dans leur chambre.

Quant à Elvis, une question trotte dans ma tête, mais il est un peu tard pour la poser : qui l'a renseigné ?

Chapitre 13

En pénétrant dans le gallodrome de Bruay, Charlie rentre subitement la tête dans ses plumes, effrayé du boucan qui fait trembler l'estaminet. A chaque mouvement effectué, je sens la crosse du revolver de Marouche qui me gratte l'aisselle.

L'arbitre a manifestement abusé de la bière. Il titube jusqu'au parc et clame :

— Charlie contre Babœuf !

Charlie lève un œil intéressé. Je retire les fourreaux de protection et on se regarde dans le blanc des yeux, sans piper. Puis je monte sur le parc et lâche mon gaillard.

Babœuf a fait monter la cote car il en est à son cinquième combat vainqueur à Bruay. Celui-ci sera le dernier, il le faut. Charlie accuse le même poids que son adversaire mais paraît plus efflanqué, une sorte de mercenaire sous-alimenté opposé à un lieutenant-colonel muni de toutes ses décorations.

Les deux volatiles échangent quelques politesses puis bondissent sans feindre. Dès le premier assaut, tous les spectateurs ont compris que Charlie saute bien plus haut et, à en juger par les mines renfrognées qui m'entourent, certains se résignent peu à peu à perdre leur mise. J'ai 500 francs d'inscription et trois paris à 300. A la quatrième minute, Charlie s'envole au-dessus de Babœuf et se laisse choir avec raideur sur la crête minuscule du coq dont il transperce la nuque de ses fers, libérant chez l'infortuné des geysers de sang limpide. Babœuf, paniqué, bat des ailes et pivote sur lui-même telle une toupie affolée. Cette précipitation projette une gerbe de gouttelettes écarlates sur les premiers rangs qui reculent en piaillant. Puis le coq choit sur le dos, les yeux révulsés.

Ça tempête dans l'enceinte bouillonnante et je récupère ma volaille qui se rengorge benoîtement sous les vivats. Sans attendre les prochains concours, je rafle mes gains et, le coq dans les bras, me dirige à grands pas vers la gare pour attraper le dernier train.

Dans la nuit épaisse, nous regagnons notre chambre. En récompense, j'autorise Charlie à dormir dans la pièce. J'empoigne le ténor dans l'obscurité et souffle pour mon coq un blues déglingué de Hound Dog Taylor. Un clair de lune timide traverse le rideau de la fenêtre, gonflé par le vent qui se lève progressivement. Dressé vers moi, Charlie s'immobilise et, dans l'opacité qui cadenasse la pièce, son œil gauche accroche une lueur malingre filtrée par la rayonne dansante.

— Les coqs, faut y aller tout doux avec eux, Arthur...

— Faut voir, y a des points de vue !

— Écoute, moi j'ai perdu le dernier, rapport à la nourriture.

— Hein ?

— La mère lui a filé du poisson, une vacherie pourrie, il a clamsé en deux heures.

— Ben, merde !

Ils ont dû passer la nuit entière à discuter sous ma fenêtre. Je m'arrache du lit, soulève les plumes de Charlie qui gambade sous la table et me penche par la croisée. Celui de gauche, appuyé contre le mur, s'évente avec son béret. L'autre, mal remis de sa nuit blanche, glisse lentement dans une torpeur béate contre les cageots de bouteilles vides.

Je suis prêt en un rien de temps, attrape Charlie au passage et gagne le promenoir encore vide à cette heure matinale. Le coq s'ébroue, prenant la pose en plein centre du poulailler. Je rentre dans le café et demande à la serveuse de me tremper un sucre dans un verre de Cognac. Elle s'exécute en souriant. Je reviens au pas de course vers mon protégé qui s'occupe à distraire la basse-cour puis lui tends le sucre, qu'il avale sans façons.

Ce soir, j'accompagne La Bamba à Orchies. Je l'aiderai à équiper Tequila, un petit nerveux au plumage chamarré. En attendant, j'ai mon après-midi pour moi et me suis promis de travailler mon sax.

Jean me laisse le gallodrome pour répéter dans la journée, c'est la seconde fois que j'en profite. J'allume le globe central qui dispense une lumière jaune et cafardeuse puis me lance sans filet dans des compositions gigognes de Johnny Griffin. Un parfum de sang caillé persiste à mi-hauteur et les images qui traversent ma tête brumeuse sont des visions de cous tranchés, de chairs perforées, de carnavals sanglants.

Sur *Funky Fluke* je m'envole dans les aigus, crachant ma peur, expulsant l'air vicié qui se raccroche à la vie dans mes poumons. Je suis maintenant sur le parc, piétinant le vieux tapis souillé. Quelques plumes d'un bleu électrique empalées au grillage opposé persistent et signent pour les vaincus. J'ai la lumière dans le dos et mon ombre s'étire langoureusement sur le mur, alors je calme mon petit moi — mon ego larvé — et me laisse glisser dans la structure rassurante d'un blues parkérien. Douze mesures pour l'éternité. Voilà mon lot.

Au moment où je reprends le thème du morceau, un monde blanc descend devant mes yeux, une neige poudreuse m'enveloppe et je me sens glisser dans un puits d'héroïne-base.

Je sais qu'Elvis viendra. Et je l'attends.

Chapitre 14

A trente mètres du bar, je comprends que la foule des grands jours s'est déplacée. Ils sont une vingtaine à la caisse pour prendre leurs billets. La Bamba passe devant et joue des coudes, affichant la présence de son coq dans la cage d'osier.

A peine entré, je me fais aplatir entre deux costauds au teint écarlate qui fleurent bon la vieille bière et le tabac refroidi. La Bamba est loin devant. Je repère sa main, au-dessus de la foule, qui tient la cage hors de la mêlée. Ils sont déjà trois cents dans le gallodrome. En me retournant, j'aperçois un flot continu qui passe le guichet et se fond dans le vacarme.

Un speaker placide annonce dans le micro les cotes et les noms des combattants. Je contourne les gradins aux marches poissées de bière et, comme je rejoins La Bamba, une capsule me saute à la gueule. Je sursaute, étonné, et découvre un crétin longiligne qui s'asperge de mousse à vingt centimètres de mon œil gauche. Alors qu'il se penche en arrière pour savourer son houblon, je lui envoie une manchette teigneuse à l'estomac. Il se plie en deux, provoquant un bruit de chasse d'eau qui dégorge. La Bamba me tire par le bras et nous disparaissons dans l'arrière-cour pour armer Tequila.

— Trop de monde, soupire le gros.

— C'est mauvais pour les coqs, non ?

— Mauvais pour celui-là, en tout cas !

Tequila, qu'il cale contre son estomac, est déjà tremblant de rage contenue. Il pique du bec tous azimuts et ses plumes rebiquent comme à la parade. La Bamba prend tout son temps pour armer les ergots et remise le volatile dans la cabane de bambou.

Les néons anémiques s'éteignent à l'intérieur. Un énorme lustre à quatre boules descend lentement du plafond pour se stabiliser à deux mètres du parc dont le sol, constitué de lattes de bois, n'a pas été recouvert. Une femme au rire tranchant passe entre les gradins avec un plateau qui tangue sur sa poitrine. Elle hurle à tue-tête : frites, bière, sardines grillées ! Je me fends d'un cornet de frites et manque défaillir sous les relents de marée qui montent du cageot pendant qu'elle me rend la monnaie.

Puis le gars au micro descend les degrés et grimpe sur le parc. Il porte une chemise blanche, un nœud papillon écossais sangle son cou épais. La Bamba se penche vers moi et nous nous faisons mentalement la même réflexion : Hollywood, on y est ! Manque plus qu'un groupe de girls topless pendant les entractes et ce sera parfait. Mais je n'ai pas le temps de fantasmer sur cette vision car les coqs sont sous la lumière et la masse de corps rances se soulève comme un seul homme dans un concert de vociférations et d'obscénités.

L'arbitre, qui porte une cravate plus sobre que le nœud papillon du speaker, se contorsionne au-dessus des bêtes. Il soulève les plumes, inspecte les derrières, passe son doigt sur les crètes cicatrisées et vérifie la longueur des épées. Les deux volailles se débattent, affolées par le bruit et je me félicite d'avoir apporté la sangle pour tenir Tequila.

Alors que les propriétaires libèrent les combattants, le coq bleu, pris d'un long frisson, vrille un cri sauvage qui impose aux gradins un silence penaud. Dans un nuage de duvet, de becs et d'éperons, les volatiles s'empoignent pour mener à terme leur ballet tragique dont les issues possibles n'ont plus de secret pour moi. Les minutes chutent en saccades et mes oreilles bourdonnent. Alors que je mâche mes dernières frites, le coq bleu est carrément collé au grillage par son adversaire qui lui enfonce ses éperons dans le dos avec une précision maniaque.

Un sang vif ruisselle sur le plancher. Dans un soupir à fendre l'âme, le vaincu chute en arrière, raide mort. La Bamba, à la droite du parc, me fait signe de descendre. Je m'extrais de ma travée pour rejoindre mon vieux pote et me trouve nez à nez avec un homme de peine portant à bout de bras une serpillière, rougie d'avoir été frottée sur le sol maculé. La Bamba me suggère de laisser tomber la cote officielle en vigueur ici pour prendre, comme à l'accoutumée, des paris individuels. Nous fixons de concert un seuil maximum à investir et je remonte par les travées, m'obligeant à repérer les gogos à grande gueule que je pourrais éventuellement refaire en cas de défaite de Tequila.

Le coq de La Bamba est inconnu dans la ville et j'arrive sans peine à prendre cinq paris sur son nom. Le speaker reprend sa place sur le parc et annonce les patronymes des adversaires pour le concours suivant. Je redescends en hâte vers La Bamba. Il a sorti son champion de la cage et le tient serré dans ses bras à l'aide de la sangle de cuir. Le silence se fait peu à peu dans l'édifice. Les éleveurs se hissent lourdement sur le plancher glissant, puis mon ami détache son coq et le pose sans un mot dans son coin.

Je suis debout à deux mètres du rectangle jaune, l'œil rivé sur le grillage, quand mes narines décèlent une odeur inhabituelle. Elle m'enlace, l'odeur. Elle me brûle à la périphérie du cœur. Je l'avais oubliée, monstrueuse et fugitive, mais elle est là. Sa prégnance de serpent mort me serre les tempes. Elle me pique, me soûle. Elle est là.

Je fais volte-face sur l'homme à l'éther.

— Combien sur Tequila ?

*

* *

Je suis attablé en face d'Elvis mais je n'ai pas la patience du colonel Parker.

— Tu sais pourquoi je suis là ? demande-t-il, faussement ingénu.

— Va te faire foutre, Elvis !

— T'es un marrant, Siren. On m'a rapporté qu'un bruit courait sur le départ aux States de Lisa. J'ai compris tout de suite que tes trente jours de taule pesaient lourd dans la balance et que tu la bouclerais. Au fait, où est-elle ?

— Dans ta cave, mec !

Il me gratifie d'un sourire en coin qui a fait la fortune de son modèle, sourire crispé car il soupèse l'idée. Puis, optant pour la plaisanterie, il pèche dans un paquet flétri une Camel qu'il allume d'une main sûre. Il est gai, le mec, franchement optimiste

— J'ai pas aimé qu'elle revienne avec toi, Siren. Un tocard de saxo. Je me suis dit : je vais donner une leçon à la bonne Lisa. J'voulais juste lui faire dégueuler ses tripes, tu comprends, mais le môme s'est gouré dans la dose et elle est morte en trois minutes. On a rien pu faire...

— J'ai été très sensible à ton attitude pleine de compassion quand je suis arrivé dans la piaule, je grince.

— Écrase, Siren ! Parle-moi de la came, maintenant.

— Comment es-tu arrivé ici ?

— Max Rupert. Alors, cette came ?

La carte postale, une belle connerie.

Je reste un moment à sonder ses yeux. Il est sûr de lui mais il traîne quelque chose de pitoyable dans son regard intoxiqué. Quelque chose de dangereux. Ce type-là peut changer d'avis comme de chemise, renier sa parole, s'exciter sur du futile avec l'acharnement d'un perdant se raccrochant à une idée fixe.

— Je suis fatigué, Elvis. Change de disque.

Là-dessus, je me lève et déserte le bar cafardeux, abandonnant au serveur un billet de cinquante francs.

Tequila a gagné, je peux me permettre ça.

Alors que je contourne la bâtisse, il jaillit dans mon dos et d'une ruade m'envoie bouler contre la porte métallique d'un garage. Je le laisse venir puis, comme il va me balancer un coup de botte dans l'estomac, je percute sa jambe valide et mords dedans avec appétit. Son hurlement doit s'entendre jusqu'au gallodrome. Nous roulons dans l'impasse sous l'œil affolé d'un chien roux. J'arrive à saisir ses cheveux et par trois fois lui claque la tête contre le rebord du trottoir. C'est à ce moment-là qu'il sort son couteau pour se dégager. Hagard, la bouche en sang, il recule à tâtons pendant que je masse mon épaule droite en grimaçant.

— Siren... j'aurai cette poudre. C'est la came ou ta peau. Les Brésiliens deviennent très nerveux par les temps qui courent. Réfléchis à tout ça !

Sans réfléchir beaucoup, j'ai une troisième solution à suggérer mais je la garde pour moi. Ce sera *sa* peau.

Chapitre 15

Au moment où je regagne lc gallodrome, le dernier combat se termine, dans un concert de protestations, par un match nul. Je retrouve La Bamba qui parle de se payer un trombone plaqué or et nous nous serrons dans la 2 CV pour regagner Rorbeck.

— C'était qui, ce mec ? demande La Bamba.

— Un emmerdeur de Barbès, rien de grave.

Nous roulons comme ça six kilomètres sans prononcer un mot, puis il se tourne vers moi avec réticence.

— Heu, Philippe...

— Oui ?

— ... tu ne m'aurais pas emprunté mon flingue, des fois ?

— Ton quoi ?

— Non, rien. Oublie la question.

Rorbeck n'est plus très loin. L'odeur d'éther persiste sur mes vêtements, j'ai le cœur qui bat un peu trop vite.

Quoi faire ?

*

* *

Cette fille est vraiment très bien. La copine de Sigiesbert. Elle nous avait caché son filet de voix mais Dutilleux, qui connaît tout le monde, l'a poussée de force sur la scène. Il nous a proposé de faire quelques morceaux avec elle, histoire de casser la monotonie — dit-il — des instrumentaux. Elle est debout au bord de l'estrade, dans son fourreau outremer, et se balance légèrement d'avant en arrière.

Mon gars est parti
chercher sa maman à Saint-Louis
faut dire
c'est un bon fils que mon gars

Il a pris la Cad
avec les vitesses noires
qui claquent
ça roule fort, une Cad, les amis.

Elle chante voluptueusement, en détachant bien les syllabes. Ses bras s'arrondissent autour d'elle comme ceux de la Shiva caressant les âmes des enfants perdus.

Il a vu l'Arche Rose
au bord du ravin
une arche
comme dans la Bible des chrétiens

Le virage était sec
La Cad a roulé close
c'est dur de mourir
devant l'Arche Rose.

Elle chante une vérité, la sienne peut-être. Un morceau de chair pure à l'étal et son visage a la précision du coutelas.

Elle se penche, à la fin, pour saluer gentiment. Les fans des premiers rangs lui hurlent de rester tout là-haut sur l'estrade, là où elle brille comme un aimant.

Elle vient me chuchoter à l'oreille qu'elle ne sait plus quoi chanter, alors je lui propose un vieux blues d'Etta James qui parle d'un enfant sourd. Elle connaît la chanson, fredonne les premières mesures, et nous voilà repartis pour 3 minutes 50 de béatitude.

La dernière note modulée, notre chanteuse s'esquive en coulisses, gueulant comme un charretier qu'il lui faut maintenant un double bourbon et rien d'autre. Nous terminons le set par *Milestones* et tout un chacun se hâte de plier bagages car la nuit est fort avancée. En marchant vers la voiture, je palpe au fond de ma poche la surface rêche du billet qu'Elvis m'a déposé au café dans la matinée. Le contenu en est limpide :

Siren,

Voici le texte de la lettre que je posterai demain soir à l'attention du commissaire de la Chapelle si tu ne m'apportes pas mon paquet de bicarbonate. Ha, ha !

Moi,

(tél. 02 36 74)

Monsieur le Commissaire,

Lisa Kapler, domiciliée au 34 rue Stephenson, Paris 18e, a disparu depuis le 12 mai.

A la même date, Philippe Siren, son amant, a quitté Paris précipitamment et se cache depuis à Rorbeck, un village proche de Valenciennes.

Ceux qui connaissaient Lisa Kapler réclament la vérité sur sa prétendue disparition.

Vengez-la !

Il faut que je trouve une solution pour me sortir de ce pétrin. Je téléphonerai demain matin à Elvis pour repousser le délai jusqu'au lendemain.

Il me faut une idée, un truc. Il me faut du temps.

Je distingue la voiture de La Bamba qui s'enfonce dans la nuit des scories et, avant de remonter dans ma chambre, je passe dire bonsoir à Charlie. Il ne me reconnaît pas tout de suite, dans l'obscurité de la volière, et son premier instinct le porte vers l'attaque. Je retire ma main rapidement et souffle à mi-voix :

— Charlie, tout doux, Charlie...

Le coq se calme instantanément et je lui fais passer quelques grains de maïs. Pendant qu'il picore dans le creux de ma paume, une idée se fraie peu à peu un chemin dans ma tête fatiguée par la sono du club. Une idée simple, peut-être un peu légère, mais qui devrait suffire pour en finir avec Elvis. Charlie surveille la lune qui s'évapore lentement au faîte du clocher. Je sens mes paupières se fermer.

En descendant dans la salle pour le petit déjeuner, j'apprends deux nouvelles intéressantes. Premièrement, Jean fait battre ses coqs jeudi — donc demain — à Marchiennes. Quand il est absent en soirée, le café ferme à 20 heures. Deuxième bonne nouvelle : Elvis accepte de repousser le délai à demain soir. Il passera au café sur le coup des 20 heures.

Pour la réussite de mon plan, je dois effectuer quelques achats chez un marchand de couleurs et, par précaution, je préfère acheter à Valenciennes. J'éprouve une passion soudaine pour l'anonymat.

En progressant vers la gare, je me pose la question à mille francs : comment l'amener à pénétrer dans la volière ?

Jeudi 18 heures. La Bamba est installé derrière le piano qui trône face à la fenêtre du salon. Il plaque ses doigts épais sur les touches en plissant les yeux. Je reconnais *Stretch* de Lennie Tristano. Un morceau qui traîne depuis belle lurette derrière les pizzérias de Little Italy, un morceau qui regorge de parmesan avec un brin de ketchup par-dessus. C'est bien la musique qu'il me faut au jour d'aujourd'hui. J'embraye avec le ténor et nous voilà partis sur les traces des teigneux qui prennent les paris à l'ouest du Bowery, sur les traces des Dons costumés que la lumière terreuse, réfléchie par les buildings, découpe à angles vifs au-dessus du freeway à deux voies.

Nous terminons cette parcelle brillante par un *coda moderato*. Je me concentre enfin sur les coqs, les menaces d'Elvis et la tâche qui m'attend près de la volière de Jean. La Bamba doit remarquer les rides sur mon front et ma soudaine crispation.

— Ça va, bébé ?

Je fais oui avec la tête. On se frappe dans les mains, tels de joyeux scouts frères de sang. Je n'ai plus grand-chose à lui dire et abandonne le pianiste pour gagner, par les ruelles imprégnées de poussière, ma chambre qui baigne dans une clarté douceâtre.

Derrière le rideau sale, j'assiste au départ du cafetier. Il libère trois coqs qui transhument comme l'éclair de leurs cages fixes aux cages portables. Puis il range l'ensemble à l'arrière d'une guimbarde qu'il emballe en direction de Marchiennes.

A moi de jouer.

Je ramasse mon matériel et me dirige vivement vers la volière. D'abord, la chaîne et le cadenas. Facile. Je fais jouer la clé dans la serrure qui claque de façon compétente. Okay. Puis je déverrouille la porte et pénètre sur le promenoir.

Le fil de nylon est peu visible. Il disparaîtra totalement à la nuit tombée. Un à un, les loquets de fermeture des cages sautent sous la pression des tenailles. Une quinzaine devrait suffire. Les trente éperons tintent dans ma poche. Je les prends par paires et arme les premiers coqs en commençant par les cages situées à l'extrême gauche. Crevant. Il me faut une bonne heure pour en finir avec les ergots de ces messieurs. Je tire le fil et l'introduit dans le chas libre de chaque loquet. Ceci fait, il ne me reste plus qu'à tendre le filin, à l'enrouler autour du piton situé à la droite des cages mais avant tout, la bibine.

Je passe devant les quinze cages sélectionnées et verse dans chacun des bols une copieuse rasade de cognac, sans oublier de rafler les pâtés de maïs que le cafetier vient de déposer. Subtiliser la pitance d'un coq n'est pas chose facile et de cage en cage ça persifle haineusement après mon passage. Je suis obligé de me sucer les doigts, lardés de coup de becs, pour effacer les filets sanglants qui serpentent jusqu'à mes poignets. D'un coup sec je tends le nylon et les portes se referment à l'unisson.

Après avoir jeté un coup d'œil sur le décor, je sors à reculons, dissimulant le cadenas derrière la chaîne à l'entrée du promenoir.

Dans une heure, il sera là.

En soufflant bruyamment, j'allume la lampe de chevet. Elle diffuse un rayon rachitique sur le lit. Charlie, qui sommeillait sur l'édredon, lève un œil soucieux. Je m'approche du coq et, lentement, lisse ses plumes. Il caquette comme une vieille poule puis en deux coups d'ailes se propulse sur la chaîne. Impossible pour moi de tenir en place. Je sors le sax et, à l'aide d'une chaussette, entreprends de nettoyer l'instrument dans les coins. Puis je récupère le revolver de La Bamba afin d'en vérifier, pour la première fois, le fonctionnement. J'aurais l'air fin si l'arme se piquait de cracher ses pruneaux mortels sans prévenir. Mais non, le cran de sûreté est enclenché.

La radio est comme d'habitude : triste et répétitive. Charlie se pose sur le sac marin. Nous restons quelques siècles, la peur au ventre, à nous scruter le blanc des yeux au son d'un hit californien qui fait la part belle aux filles de l'été et aux surfers musculeux.

Encore trente minutes.

Quelque chose se modifie dans la pénombre. Une branche craque et tout de suite un chuchotement perce l'air épais.

— Siren ?

Je libère le pêne de la fenêtre sans faire de bruit et laisse tomber vers le sol :

— Bouge pas, j'arrive.

La masse sombre d'Elvis sursaute en contrebas. Je prends le revolver, le glisse dans mon blouson et descends avec calme l'escalier dont les marches gémissent sous mes pas.

— J'aime pas ton rancard, Siren, tu as le paquet ?

— Mais oui, mais oui, je réponds négligemment. Je dois d'abord nourrir les coqs, tu viens avec moi ?

— Quoi ?

— Nourrir, manger, miam-miam ! Pour que les coqs puissent combattre, il faut leur donner à manger.

— Tu te fous de ma gueule, tu t'es envoyé la came hein ?

Je me campe calmement devant lui.

— Je dois m'occuper de ces coqs maintenant, il est déjà tard, après on monte dans ma piaule et je te donne...

— Bon, bon, ça va ! Mais je reste ici.

— Comme tu veux.

Cela dit, je lui tourne le dos et pénètre dans le promenoir. Je m'approche des cages de droite et touille quelques loquets inutiles en susurrant des mots banals que les éleveurs distillent aux volailles à l'heure de la pâtée. En arrivant à la cinquième cage, je perçois le floc léger de pas dans mon dos.

Je jette un coup d'œil en biais et distingue la silhouette de l'autre sagouin qui se découpe à contre-jour sur un ciel sans étoiles.

— Hé, Siren, c'est tous des combattants, ceux-là ?

— Ouais, ouais, je fais d'un ton préoccupé.

Il s'avance encore de deux mètres, pas trop rassuré.

— Ça bouffe quoi, les coqs ?

— Des connards dans ton genre, je lui dis.

Dans le même temps, j'extirpe de mon blouson le revolver de La Bamba et lui colle le canon métallique sous le nez. Ses yeux dilatés s'écarquillent d'incompréhension, alors qu'il balbutie :

— Mais, qu'est-ce que tu... qu'est-ce...

— Ta gueule, Elvis. Si tu bouges, je te crève !

Là-dessus, je recule en direction de la porte, récupère à tâtons la chaîne que j'enroule autour du poteau puis, d'une seule main, j'enclenche le cadenas. L'autre est pendu au grillage et couine d'une voix de tête :

— Fais-moi sortir, enflé, qu'est-ce que tu manigances ?

Je me permets un sourire.

— Tu t'intéresses aux coqs, eh bien, tu vas les voir de près !

Je le laisse planté là, contourne au pas de course la volière et, à l'aide de mon canif, tranche avec fièvre le fil de nylon. Les quinze portes claquent contre les auvents et quinze paires d'yeux s'arrondissent au centre des cages.

Seigneur, ça marche !

Je remise le revolver dans ma poche et monte dare-dare jusqu'au palier du premier étage. Je lève vivement les deux interrupteurs du centre et, par la fenêtre de l'escalier, découvre avec ravissement la flaque lumineuse que crachent les deux projecteurs dominant le promenoir. Puis je rentre dans ma chambre, saisis Charlie et l'étouffe dans mes bras.

— Ça marche, coco, ça marche !

Le coq bat des ailes et tourbillonne comme un dératé autour de la pièce. J'extirpe du fond de l'armoire un restant de whisky et m'en envoie une copieuse rasade puis range la bouteille dans ma poche de blouson en lieu et place du revolver, qui réintègre sa cachette sous l'oreiller.

Quand j'arrive devant la volière ils sont déjà une dizaine, excités par l'alcool, à se hurler des vacheries. Les moignons écrêtés se raidissent, les plumes s'ébouriffent dans un concert de cris rageurs. Elvis est plaqué contre le poteau de gauche, manifestement terrifié.

Je m'enfile un coup d'alcool et le rejoins dans son coin, mais du bon côté du grillage.

— Jolie basse-cour, pas vrai ?

Son visage respire l'angoisse et un liquide gras coule dans son cou, salissant son col de chemise. Il est maquillé, ce con.

— Sortir... parvient-il à balbutier.

— Mais oui, sortir. Mais avant tu vas arbitrer les combats ! Tu comprends, c'est juste pour te donner une leçon, comme tu voulais faire avec Lisa !

Au même moment, deux coqs s'empoignent furieusement, à un mètre d'Elvis. Leurs épées scintillent sous les projecteurs et un crachin rougeâtre éclabousse déjà le sol. Deux autres rappliquent vivement et se jettent dans la bagarre. Les quinze coqs sont maintenant sur le promenoir. Le sniffeur d'éther se protège les yeux, paniqué par cette orgie de plumes et de cris hystériques.

Ça marche !

Je m'envoie une lichée supplémentaire de Pure Malt et là, je deviens franchement hilare. Tout baigne dans l'huile ce soir. Sauf Elvis qui baigne dans sa culotte car ses jambes fluettes se découvrent des dons certains pour le cha cha. Il se paie deux tours de volière, tel un chat émotif poursuivi par une gamelle et attire l'attention de trois coqs noirs aux festons verdâtres. Les bestioles jaillissent à hauteur de sa poitrine, construisant autour de lui une pyramide mouvante de braillements excités, de duvet noir et d'éclats métalliques quand les éperons réfléchissent la lumière stridente des projecteurs.

Elvis s'arrache au grillage et, d'une démarche syncopée, titube jusqu'au centre, psalmodiant une supplique qui doit m'être adressée mais j'ai l'oreille dure ce soir. L'un des coqs virevolte dans son dos et d'un ample coup d'aile monte à la hauteur de sa nuque pour se laisser choir, éperons en avant, dans son cou trop blanc. L'autre pousse un hurlement inhumain tandis que le coq fouaille ses chairs, modulant à l'attention de la basse-cour un chant victorieux.

D'une ruade, l'homme se libère du volatile et passe sur sa nuque une main qu'il retire rouge de sang. A cette vue, son regard devient fou. Il prend une décision, plonge la main dans sa poche et en tire un briquet alors que cinq cadavres jonchent déjà le sol. Je vais avoir du mal à expliquer ça au cafetier.

Briquet en main, le dealer roule en torche une vieille page de journal et, en s'y reprenant à trois fois, enflamme le mauvais papier. Sidérés, les coqs reculent devant la flamme alors que deux nouveaux rappliquent derrière lui.

Ça marche un peu trop bien maintenant.

Je me rapproche de la chaîne de sécurité. C'est le moment que choisissent les deux nouveaux protagonistes pour fondre, tels des kamikazes, sur la tête et l'épaule du bonhomme. Cruellement lardé par les quatre éperons, il se casse en deux et roule au sol pour finir la tête la première dans le tas de foin à la droite du promenoir.

Et, tout de suite, c'est l'enfer.

Le brûlot enfante des flammes monstrueuses dans la meule et des langues orangées commencent à lécher les cages situées à droite de la volière. Les vingt coqs qui sont restés enfermés piaillent maintenant à l'unisson, pendant que les dix survivants se jettent contre le grillage, frappant de leurs épées l'armature de métal fin. Mon plan sublime commence à donner des signes d'hystérie.

La clé. Je me tâte sur toutes les coutures mais rien n'y fait : j'ai perdu la clé. J'ai dû y aller un peu fort sur l'alcool et je dois me traîner à quatre pattes pour tenter de repérer sur le sol gras la trace de ce maudit bout de ferraille. A trois mètres de moi, Elvis, assommé par le choc du dernier assaut, flambe comme un beau diable. Cinq cages sont déjà la proie du brasier et, à travers la fumée, des volailles roussies et hagardes s'extirpent de l'incendie, titubant sur le promenoir. Ça vocifère de tous les côtés et, pour tout dire, je perds carrément les pédales. La chaleur est intenable et des tisons poussés par le vent se fichent dans ma banane déconfite.

L'eau. Je me redresse avec difficulté et gagne au radar l'escalier à l'arrière du café. De l'appentis situé derrière les premiers degrés, je ramène sous la lumière un seau de plastique jaune. Il fera l'affaire. J'avale quatre à quatre les vingt marches et me précipite vers l'évier situé dans le renfoncement derrière la porte de ma chambre. Je remplis le récipient à ras bord et, sans un regard pour Charlie, jaillis sur le palier. Cette vacherie de seau ! Je descends les trois premières marches mais la quatrième m'est fatale. Je me prends les pieds dans mon fardeau, piquant une tête comme sur le plongeoir de la piscine. Un éclat rouge passe devant mes yeux et ces fameuses trente-six chandelles se mettent à virevolter gaiement autour de moi. Je perçois, derrière un écran cotonneux, le bruit du cylindre en plastique dégringolant lentement l'escalier puis le mugissement assourdi d'une sirène.

Les paroles de *Ring of Fire* me reviennent confusément à l'esprit : *Là-haut sur le mont Wolverton, Seul comme les chauves-souris et les ours de la grotte de Miller, Je suis tombé dans un anneau de feu.*

Et je coule à pic.

Chapitre 16

Un poste de télé cacochyme propose *L'important c'est d'aimer* de Zulawski et le halo qu'il dispense nimbe la pièce d'une clarté bleuâtre.

Ils m'ont enchaîné au radiateur à l'aide d'une paire de menottes prolongée d'une courte chaîne. J'ai la tête qui me brûle et mon oreille droite bourdonne tel un cœur pressé d'en finir.

— Alors, Siren, ce cadenas ? beugle l'albinos obèse, que l'autre appelle Chalk.

— Quel cadenas ?

— Le cadenas de ta sœur dans la culotte d'un zouave, ha ha !

Tout sourire, il fonce sur moi et shoote dans ma cheville. Pas très fort, juste ce qu'il faut. Je me mords la lèvre pour ne pas crier. J'ai dû me faire une entorse en tombant dans l'escalier car mon pied a doublé de volume.

« Vous avez déjà vu quelque chose d'aussi beau ? » susurre Dutronc à Fabio Testi.

Xav rentre dans la pièce, le rasoir à la main, et le visage coupé en deux, moitié mousse, moitié peau.

— Alors ?

— Il a dit : « Quel cadenas ! »

— Hoooouh, la folle ! module Xav en battant des cils.

Il se dandine jusqu'à moi sur ses godasses à clous et, mine de rien, me lézarde la joue d'un coup de rasoir bien ajusté. Un dingue.

— Écoutez, je dormais sur mon lit. Quand je me suis réveillé, j'ai vu les flammes, alors j'ai rempli le seau pour éteindre et dans l'escalier...

— Tais-toi, sac à merde ! me coupe Chalk.

La séance dure depuis deux bonnes heures. Ils n'ont aucune preuve sérieuse contre moi, seulement une intuition et puis, bien sûr, le cadenas et les éperons. Quant au fil de nylon, il a brûlé dans l'incendie.

« Écoute, tu charries ! Pas étonnant que tes seins se cassent la gueule, tu bouffes rien. »

Dutronc, encore. Romy Schneider n'a pas l'air de goûter la critique.

Je suis dans le commissariat de Solaines. Ces deux-là prétendent appartenir à la police et mon coq n'a rien avalé depuis la veille au soir.

— Dis donc, Siren, tu sais poser des éperons, non ?

— ... Oui, un peu... pourquoi ?

— Les questions, c'est mon rayon. On me paie pour ça !

Sur le mur d'en face ils ont accroché une mauvaise photo du chef de l'État. Une main habile lui a rajouté des moustaches à la Dali et, du livre ouvert devant lui, jaillit un diable à ressort qui crie « cocu » dans une bulle.

« Vous trouvez pas ça bizarre ? » s'inquiète Dutronc, sur l'écran grisailleux.

Xav réintègre la pièce, fraîchement rasé, ses cheveux bruns séparés par une raie au milieu.

— Alors la puce, il a oublié le cadenas ? énonce-t-il en me pinçant l'oreille.

Il tourne la tête vers Chalk qui rigole dans son coin et j'en profite pour lui balancer un coup de boule dans le nez. Je rate ma trajectoire et c'est sa lèvre qui prend. Elle éclate en plusieurs endroits comme une pastèque trop mûre et le pédé pousse un cri d'orfraie.

« Vous n'aimez pas les films de cul ? Moi, j'aime bien ! » marmonne le Ducretet-Thomson.

Chalk est sur nous et ceinture Xav qui me larde de coups de pieds aux endroits où ça fait mal. Je me rencogne contre les parois effilées du radiateur qui me rentrent dans le dos à chaque aller-retour de brodequins.

L'albinos enfouit son visage dans le cou du pédé et, tout en le maintenant, lui glisse tout bas :

— Xav, mon ange...

L'autre inspire avec frénésie, ferme les yeux et finit par se calmer. Chalk se penche vers lui et chuchote dans son oreille une confidence inaudible.

Je n'aime pas ça du tout.

Xav relève le menton et d'une voix tremblante couine avec arrogance :

— Alors ce cadenas, putasse ?

Je fais non avec la tête. Aussitôt l'albinos saute sur moi, défait ma ceinture et tire dans le même temps slip et pantalon.

« Je me sens coincé », dit Fabio Testi.

Je suis à moitié dans les vapes et bredouille :

— Pourquoi il est coincé ?

— Il a bouffé le cadenas, c'est pour ça, répond Chalk.

L'autre s'approche avec un grand morceau d'albuplast. Il saisit mon sexe à pleine main, le caresse négligemment, puis le remonte en direction du nombril. Il fixe ensuite la verge sur mon ventre avec l'autocollant. Pendant ce temps, Chalk écarte mes pieds et les ligote à deux meubles métalliques.

Je me jette en arrière, comme pour rentrer dans les cavités du radiateur, le ventre de ma mère.

« Il a dit quelque chose avant de mourir ? » s'inquiète Fabio Testi.

Ils éclatent de rire tous les deux puis l'albinos ouvre le tiroir d'un bureau et se dirige vers moi, une matraque à la main.

Au troisième coup, je me dis que la mort peut être douce et au cinquième mon hurlement doit s'entendre à Barbès. L'estomac tordu, je me déglingue de côté pour retarder le prochain choc. Au même moment, un poing assuré frappe la porte blindée et Romy Schneider prononce avec calme :

« Je suis venue payer ma dette. »

Celui qui pénètre dans la pièce est engoncé dans un costume Prince de Galles fatigué, quarante ans, le teint mat et l'œil malin. Après avoir lancé dans ma direction un regard navré — ils m'ont rhabillé en vitesse mais je suis toujours attaché —, il se campe devant Chalk qui le dépasse de trente centimètres.

— Vous savez où vous finirez avec vos méthodes, Chalk ?

— M. Goldstein, cet homme...

— ... en conseil de discipline, radié à vie de la Police nationale. C'est ça que vous voulez, Chalk ?

— Il y a un cadenas...

— Bien, Chalk, examinons la situation, suggère l'autre, patelin.

Il se tourne vers moi et, m'indiquant du menton, ordonne à Xav :

— Libérez cet homme !

La tapette s'exécute et je me rapproche de mon sauveur à grands pas.

— Georges Goldstein, je suis votre avocat, dit-il en tendant la main.

Je la serre avec gratitude.

— Maître, ils m'ont...

— Oui, je sais, me coupe-t-il. Maintenant, je m'occupe de votre cas, ne craignez rien.

Il doit peser dans les quatre-vingt-dix kilos mais pivote sur lui-même telle une roulette parfaitement huilée.

— Chalk, le juge Toufait souhaiterait interroger mon client à 15 heures. Vous avez reçu la convocation, n'est-ce pas ?

Les deux autres rentrent la tête dans les épaules, tels des gosses privés de dessert.

— Oui, maître, 15 heures. On y sera.

— Bien. Je souhaiterais m'entretenir avec mon client... discrètement, de préférence.

Xav s'avance et, pompeux, indique le fond de la pièce.

— Nous vous laissons le radiateur, cher maître.

Goldstein marmonne dans sa barbe et m'entraîne dans la direction indiquée. Il se penche vers moi en tournant le dos aux deux policiers.

— C'est votre ami, Richard Minet, qui m'a engagé pour vous défendre.

— La Bamba !

— Hein ?

— Non, rien. Continuez !

— Écoutez-moi bien, Siren. Vous êtes resté dans votre chambre, vous dormiez ou alors vous répétiez quelque chose au saxophone...

— Je leur ai dit que je dormais.

— D'accord. J'ai un témoin qui affirmera vous avoir vu, volant au secours du poulailler avec un seau d'eau à la main, juste avant votre chute dans l'escalier...

— Quel témoin ?

— Marouche Minet.

Goldstein jette un regard glauque par-dessus son épaule puis laisse glisser entre ses dents :

— Entre nous, Siren, ce cadenas ?

— Quel cadenas ?

Devant mon visage respirant la naïveté, il déploie sur sa face un sourire extatique.

Il me plaît, Goldstein.

Chapitre 17

Le jeunot qui conduit semble être le seul à disposer de toute sa raison. Il a un beau visage de gosse de riche et les vêtements qui vont avec. Baby, le gros à côté de moi, a oublié de grandir et il plafonne à cent cinquante centimètres, mais pour le sortir de la bagnole il doit falloir un treuil. Quant à la rousse, avec l'anneau dans le nez, elle tient des propos sauvages et incohérents.

— On les coupe pas, mon con, on les écrase !

— Alors toi, t'es chiée, Gloria, t'es chiée vraiment ! s'extasie Bibendum.

Elle se tourne vers moi, le regard flou.

— Hé, saxo, tu sais comment on les écrase ?

— A vrai dire...

— Bon, voilà : on les fait asseoir à poil sur un tabouret avec un trou au milieu. Il y a un type qui leur accroche une ficelle aux roupettes avec un poids qui tire tout vers le bas...

— Gloria, j'aime pas ça, couine le gros.

— ... alors un deuxième type, le castreur, arrive et écrase le tout entre deux briques, comme ça : schclack !

— Ouhh, la mauvaise !

Franck, le conducteur, demande sans se retourner :

— Qu'est-ce qu'elle a dit ?

— Elle a fait schclack, dis-je pauvrement.

— Ouhh ! réitère Baby, d'une voix efféminée.

*

* *

Tout est encore vivace dans ma tête. Mes derniers jours à Rorbeck, l'audition dans le bureau du juge de Valenciennes. Les petits détails idiots : le nez grippé du juge, le cadenas que Chalk brandissait fièrement et aussi le regard fuyant de La Bamba qui avait décelé mon stratagème. J'avais joué le jeu tel que Goldstein me l'avait appris car c'était ma seule chance de salut. Marouche s'était montrée à la hauteur, rougissant comme une jeune mariée aux questions du juge sur sa visite à mon domicile. Sur son silence, aussi, durant les premières heures de l'enquête.

Que quinze coqs aient été armés fut mis au compte de la négligence du cafetier. Je l'avais prévu car il était de notoriété publique que Jean buvait comme un polak. La perquisition dans ma chambre n'avait rien donné car j'avais pris soin, dès la veille, de brûler le message d'Elvis. Quant au revolver sous l'oreiller, il faut croire que les cachettes les plus évidentes sont les meilleures. Personne n'y fit allusion durant l'instruction.

Le juge, qui connaissait son monde, suggéra à Goldstein de m'expédier au diable avant qu'il ne le fasse officiellement. J'étais blanchi mais douteux quand même.

Ma dernière soirée à Rorbeck fut consacrée à m'interroger gravement sur les « événements ». Avais-je vraiment voulu sa mort ? Je peux répondre oui à cette question simple. Il avait tué Lisa aussi sûrement qu'avec un revolver et il m'avait menacé ouvertement du même traitement. Mais Dieu m'est témoin que je n'ai pas voulu cet holocauste de plumes, de cages détruites, cet incendie monstrueux qui occupa les pompiers trois heures durant.

Un inconnu pénètre dans une volière et meurt, lardé de coups d'épées par un commando de coqs.

C'était ça l'idée. Mon plan prévoyait tout sauf les réactions d'Elvis. C'était ça l'erreur. J'ai réussi, au fil des heures, à enfoncer tout cela dans les recoins secrets de ma mémoire, des tombeaux froids et amnésiques.

C'est comme ça qu'un beau matin je me suis campé au bord de l'autoroute, mon baluchon au bout du bras et Charlie sur l'épaule. La famille Minet au grand complet agitait ses mouchoirs dans ma direction, espérant, secrètement, ne plus subir une calamité de mon espèce avant dix ans.

*

*   *

Ils me laisseront à la dernière sortie avant d'arriver à Paris. Gloria a répété trois fois depuis mon entrée dans la voiture qu'ils étaient sur un coup dément à Barcelone : trois cents grammes de coke au cours du Viandox.

Complètement fêlée.

Une campagne lépreuse défile derrière les vitres et le soleil se dilue lentement dans un ciel brouillé. Baby poursuit, d'une voix gourmande, son délire de catcheur périphérique.

— T'es sûr que tu pourras m'avoir un contrat, Franck, un vrai ?

— Sûr, bébé, répond l'autre. Avec les projecteurs, la sono et ton nom sur l'affiche !

— Je vois ça d'ici ! La gueule au Chinois : je le prends sous mon bras et je lui pète la tête sur le poteau ! Putain, il m'a fait mal la dernière fois.

Gloria se retourne avec une moue dédaigneuse.

— Tu pèteras mon cul, Baby, t'es rien qu'un catcheur de luxe pour les folles en culottes de soie. T'as jamais souffert vraiment. Ton truc, c'est rien qu'un problème d'identité !

— T'es chiée, Gloria, mais t'as peut-être raison, je suis une sorte de fétiche pour les rupins sophistiqués !

— Ha, ha, pauvre con !

— Ça suffit, Gloria, coupe Franck. On parlera de ça en rentrant. Pour le moment, pense à la came.

— Allez, je donne l'exemple, dit la fille.

Elle plonge entre ses jambes et tire d'un sac écossais un sachet de poudre blanche.

— Regarde pas, saxo, c'est réservé aux intimes.

Elle laisse tomber sur sa paume une petite prise de cocaïne et, à l'aide d'une paille de plastique bleu, s'envoie une giclée de paradis aux quatre coins du cerveau par l'intermédiaire de sa narine droite. Puis elle la bouche et recommence la même manœuvre avec la narine gauche. Elle s'ébroue comme un jeune chien et, l'œil allumé, se tourne vers nous :

— Encore mieux que ça, les mecs, la maman-singe dans le con du Christ-Roi !

Elle propose sa came à la ronde mais sans succès, et c'est Baby qui fait l'effort de relancer la conversation.

— J'aurai mon nom sur le peignoir : « Baby » Cohen, en lettres noires avec un soleil couchant derrière. Franck, ça sera mon manager, hein Francky ?

L'autre pivote de la tête sans lâcher le volant.

— On rachète le gymnase de Scarpetta, Baby, et on se fera un paquet de fric avec des combats à cinquante balles la place, assure le conducteur qui rigole franchement.

La fille est appuyée sur le dosseret du siège, le regard fiché dans le décor passionnant du toit de la Mercedes. Baby continue dans l'indifférence générale sa litanie obsessionnelle.

— Je prends Black Jack avec moi et on se fait les frères Bastard en match à quatre. Je lui bouffe les couilles, à Mimi Bastard, et on me donnera une médaille pour avoir fait ça.

— C'est qui, Mimi Bastard ? je demande.

— Dors, saxo, dors, oublie tout ça. C'est juste un rêve de gosse, murmure Gloria.

Nous roulons quelques kilomètes en silence et je pique du nez sans crier gare.

Puis Franck couine sans prévenir :

— Merde, l'embranchement !

Il range la Mercedes sur le bas-côté. Je serre la main molle de Baby, Franck me fait un clin d'œil en signe d'adieu et je m'extrais du siège pour récupérer mon sac dans le coffre. Comme je le referme, la fille s'approche de moi, le regard trouble, et me passe la main dans l'entrejambe. Le feu au cul.

— Souffler n'est pas jouer, minaude-t-elle.

Je n'ai rien à répliquer et abandonne le trio infernal pour gagner la bretelle qui conduit au périphérique d'où je gagnerai la porte de Clignancourt.

Chapitre 18

Les coiffeurs rasta œuvrent dans la liesse alors que la salsa, les combos antillais et le tempo inversé de Kingston provoquent des ondulations équivoques chez ceux qui glandent à la porte des disquaires.

Au Soleil Levant, la bande à Palmer joue des coudes et du regard-qui-tue. Ceux-là prennent des poses piquées dans les magazines qui fourguent la gonflette en trente jours. Ils en oublient la couleur de leur peau, leur bulletin de salaire, et ce manque fondamental : un peu d'amour, juste un peu d'amour.

Ils remontent le boulevard vers Anvers, lèvent le poing devant les transfuges marocains clapotant dans la semoule des couscous au Wiskat. Puis finissent leur course d'espions en danger de mort au Calypso, le hangar de faïence.

Je me tiens à trente mètres du Calypso qui somnole au centre de l'étuve poussiéreuse. Le thermomètre mural accroché derrière Tati indique 30° à l'ombre et sur la chemise de Smoke la tache de sueur ressemble à s'y méprendre à un rêve de Georges Mathieu.

Je fais sauter le couvercle de ma troisième boîte de Coca et, relevant la tête, je repère la fille. C'est un visage connu à Barbès : pour tout le monde elle est la fille du Gaucher. Son père, quatre ans plus tôt, a été sacré champion du monde de billard, titre décerné par l'Académie de la place Clichy. C'est un gaucher, comme de juste, et sa gosse a passé un temps fou derrière les tapis à lui porter ses queues et à battre des cils quand il réussissait un bon coup. Je revois son petit visage crispé sur la phase finale d'un rétro, humectant ses lèvres quand le Gaucher tentait un piqué ou souriant, certaine du résultat, quand son papa chéri se dressait pour un massé.

Pour l'instant, elle est accroupie dans le caniveau, la jupe relevée jusqu'aux épaules, et un filet d'urine brûlante déserte la touffe de poils roux entre ses cuisses.

Je me fige contre la vitrine du bazar de vêtements. Quelque chose cloche dans cette exhibition car, outre l'attitude étonnante de la fille, je me rends compte qu'elle claque des dents. Par cette chaleur, ça paraît inconcevable, à moins d'avoir fait l'impasse sur une dose de coco, un sachet de thaïlandaise ou Dieu sait quoi.

Smoke sue comme un bœuf à mes côtés — il pèse cent cinq kilos sans contrebasse et plisse ses yeux porcins dans la bonne direction.

Rien qu'en regardant ses pieds on comprend qu'il a le cœur simple. Sans se tourner vers moi, il articule d'une voix sourde :

— Phil, tu vois c'que j'vois ?

— Ben oui, quoi, elle claque des dents !

Sa tête se dévisse de mon côté avec difficulté.

— Qu'est-ce que tu dis ?

— Elle claque des dents, merde !

Il porte son index à son front.

— Mais son cul, tu as vu son cul ?

J'ai vu.

Les trois Nègres sur le trottoir d'en face ont vu également et s'en payent une bonne tranche, faisant bander leurs preuves sous leurs costards bleus à lisérés noirs. Puis elle commence à rigoler comme une bossue. Un rire démantibulé qui rappelle vaguement la bande-son d'un film de Carmelo Bene. Elle rigole, la môme, tirant sur ses poils rouges, et ce qu'elle a bu ne tiendra jamais dans une honnête bouteille de Kronenbourg.

Je me surprends à expulser un ricanement ou un sanglot, c'est selon. On en est donc là, à croasser en chœur autour de la fille du Gaucher, quand Ousmane-le-dingue apparaît au coin du boulevard, agitant son chapeau en tous sens et psalmodiant des injures rendues inaudibles par la distance qui nous sépare. Je consulte ma montre et comprends tout de suite que je vais essuyer un savon.

Il stoppe devant moi, le souffle court.

— Siren... fumier...

— Okay, okay, j'y vais !

— Ta mère, Siren, tu sais...

— Oui, je sais, c'est une pute. Je pars devant !

Et je le plante là, pressé d'échapper à l'engueulade.

J'y suis revenu dans ce maudit Temple ! Ousmane a tenu sa promesse et j'ai pu recommencer mon numéro, trois jours après mon retour à Barbès.

A l'intérieur de l'édifice, les fidèles s'occupent intelligemment en m'attendant. Jo Prêcheur, qui a profité du départ d'Ousmane pour s'inviter à l'intérieur, braille à tue-tête devant l'autel :

Je suis soûl, soûl
sous ton balcon, con
comme Roméo, hoho
Marie-Christine.

Les autres autour se gondolent en cadence, alors que le nouveau joueur de congas arbore l'air hautain du gars obligé de fréquenter une race inférieure.

Deux gosses de treize ans déguisés en clochards subtilisent le siège d'un bigot momentanément absent et le remplacent par un autre, qui ne comporte que trois pieds. Mon regard glisse sur le squelette de Prêcheur, qui s'essaie au sirtaki solitaire et j'aperçois, titubant entre les chaises, Dany, l'aveugle du Paradisio qui progresse vers le siège à trois pieds. Il se laisse choir dessus et bascule, les quatre fers en l'air, sous les froufrous de Violette. La replette Antillaise, rouge d'indignation, se dresse en rajustant ses jupes.

— Alors, papa, tu veux prendre contact avec le Bon Dieu ?

L'autre se relève tant bien que mal en maugréant.

— Frangin, l'autel c'est de l'autre côté ! insiste la mégère.

— Y's'guide à l'odeur, ma vieille, suggère un mec placide à veste léopard.

— Qu'est-ce que tu veux dire, sagouin ?

— Rien, rien...

Prêcheur s'avance, royal et fin soûl, pour calmer les esprits.

— Pourquoi tu fais des histoires, Violette ?

— Ce cochon gratté veut me foutre des complexes, voilà pourquoi je...

— Des quoi ?

— Des complexes. T'es bourré, Prêcheur ?

— Moi ? Ça m'ferait mal !

Je juge utile, avant que l'algarade n'empire, de récupérer mon sax sous l'autel et de souffler quelque chose de sacqué, une composition de Bud Freeman qui a fait son temps derrière les claques de Chicago à l'époque de la prohibition.

Tout rentre dans l'ordre, ou plutôt c'est à partir de maintenant que le bordel commence. Ils montent à plusieurs sur l'autel pendant que les moins farauds empilent les chaises dans un coin et abandonnent leurs idées noires aux figures compliquées d'un bop frénétique. Je ne suis pas chargé du maintien de l'ordre et continue à jouer comme si de rien n'était. Puis les voix se taisent une à une, les gestes se figent et le son du ténor m'apparaît soudain saugrenu dans la torpeur qui pèse sur l'édifice.

Ousmane, le visage convulsé, s'avance au centre de la pièce.

— On a fait un bout de chemin ensemble, les gars, et je croyais que vous aviez compris des mots comme respect et miséricorde. J'étais tout prêt à vous montrer la route du ciel mais j'ai changé d'idée...

Il a du mal pour les aligner, Ousmane. C'est le sprint qui l'a tué et son visage tire carrément sur le blafard.

— ... quand je vois vos gueules de traîne-savates, vos gueules de peigne-culs pas même capables de respecter un lieu saint, je me dis que le Seigneur il a pas besoin de connards dans votre genre ! Voilà ce que je dis !

Là-dessus, il s'enfile trois pastilles Pulmoll dans la gueule.

— Ça c'est parlé, Ousmane, on mérite pas le salut ! qu'il fait l'aveugle, pendant que l'homme-léopard lui serre le cou pour qu'il la boucle.

— Comment qu'on peut être sauvés, si tu veux plus de nous, le dingue ? supplie Violette.

— Y a des voies mystérieuses...

Précheur s'approche, l'œil vague, écrasant quelques pieds au passage en serrant contre lui une canette vide.

— Qui c'est qui paie une bière, les mecs ?

Ousmane lève alors les yeux au plafond, réclamant mentalement l'indulgence du Tout-Puissant.

— Hé merde, Ousmane, insiste l'autre, quand les mecs dans la Bible ils ont voulu du pinard, sa mère à Jésus elle a dit : « Donne-leur du vin. » C'est ça qu'elle a dit !

— C'est vrai ça, Ousmane, c'est écrit ! persifle un faux-cul invisible.

— Le vin, c'est l'enfer...

— Je veux pas aller en enfer, moi, pleurniche Violette.

— T'es déjà en enfer, sac à merde !

L'homme qui vient de parler tente désespérément d'échapper aux griffes de la harpie antillaise. Il se raccroche à la veste du dingue qui fuse à trois mètres, tel un vulgaire épouvantail.

— ÇA SUFFIT, ARRÊTEZ ÇA !

Ousmane a hurlé ces quatre mots. Ils s'immobilisent difficilement, aspirant l'air par les naseaux.

— Bon, je peux passer l'éponge pour cette fois car le Seigneur a dit : « Pardonne-leur, ils ne savent pas ce qu'ils font !... »

— C'est bien ça, Ousmane. Ça, c'est bien !

— Écrase, Dany !

— ... seulement, il y a des frais, vu le chantier que je vois d'ici !

Je commence à comprendre. Il laisse errer sur la pièce un regard désolé. Les chaises ont souffert, la table aussi et quelques bougies piétinées ne témoigneront plus de la ferveur des pénitents. Il a dégoté l'ensemble au centre Emmaüs de Bougival et, pour se débarrasser de cet emmerdeur, les militants de l'abbé Pierre lui ont laissé le lot pour 100 francs.

— Remarque, on peut payer, hein papa ? suggère Max Rupert.

Ils marmonnent tous entre leurs dents, pas très chauds pour une seconde quête.

— Bon, voyons voir... susurre le dingue en triturant pensivement son menton.

Il plisse longuement les yeux pour évaluer les pertes irréparables qu'a subi le Temple. On pourrait entendre une mouche voler quand le chiffre claque aux oreilles des pêcheurs :

— Cinquante balles chacun !

Le ciel, ça se mérite. La queue basse, ils ouvrent leurs portefeuilles et abandonnent leur obole dans le chapeau du sorcier qui se retient pour ne pas jubiler.

Comme le dernier passe la porte, je reviens vers Ousmane qui rayonne franchement et, ce faisant, découvre affalé derrière le tas de chaises le corps longiligne de Jo Prêcheur.

Je me penche vivement sur lui. Coma éthylique, probablement. Le dingue se penche lui aussi, mais sans pitié excessive car Prêcheur ne laisse dans son chapeau que de la monnaie belge ou des boutons de culotte.

— Il faut le ramener chez lui, je suggère.

Ousmane se gratte l'arrière du crâne puis, se redressant, propose :

— Je vais chercher le boxeur, c'est un balèze !

Cela dit, il s'engouffre dans le couloir qui donne sur l'impasse abandonnée aux chats errants du quartier. Une salive épaisse déserte la commissure des lèvres du Guadeloupéen et son teint vire lentement au livide. Je l'adosse à un coussin tunisien et commence à me faire des cheveux pour sa santé future quand Ousmane réintègre le Temple, accompagné d'un solide gaillard aux yeux bridés. L'homme jaune redresse Prêcheur, lui soulève les paupières, tâte son pouls et, avec un haussement d'épaules, conclut :

— Poivré à mort !

J'aime mieux ça.

— Faut le ramener chez lui, insiste Ousmane.

Je lève la tête vers le dingue.

— Il crèche toujours au-dessus du Mac Donald ?

— Ouais, un vrai palace !

Je consulte le boxeur du regard et, comme il hoche la tête, empoigne Joseph sous les aisselles pendant que « Yeux Bridés » se charge des pieds.

En quittant l'impasse Arthur Cravan, il nous faut emprunter une portion de la Goutte d'Or sous les lazzis des putains en faction devant les hôtels d'abattage qui ont survécu à l'épuration. Au milieu du boulevard, je crie par-dessus les bruits de la circulation, intense à cet endroit :

— C'est quoi, ton nom ?

— Van Thiem.

— Cambodgien ?

— Vietnamien. Et toi ?

Ma réponse se perd dans la pétarade d'un tuyau d'échappement qui brinquebale à l'arrière d'une Ducati sans âge.

L'arrivée de Joseph au Mac Donald ne passe pas inaperçue. Les cuistots se gondolent derrière leurs boîtes de frites pendant que le patron européen rugit près des caisses :

— Cette fois, je le vire, putain, je le vire !

Un escalier étroit nous conduit au premier étage devant la chambre qu'occupe Prêcheur. Je déniche sa clé dans la poche gauche de son pantalon, libère le panneau et nous pouvons enfin décharger notre fardeau sur le grabat douteux.

Nous échangeons, Van Thiem et moi, un regard assoiffé. Il nous faut quelque chose à boire, même une bière, en désespoir de cause. Un bordel sans nom règne dans la cuisine mais j'arrive à sauver du frigo une bouteille de blanc à moitié entamée que nous liquidons, debout au milieu de la chambre.

— Vietnamien, alors ?

— Du Sud, blanc-bec !

Je me permets un sourire finaud.

— T'avais les cocos au derrière ?

— Non, j'ai quitté Saïgon avant le carnage. Pas envie d'attraper une pneumonie dans les rizières !

— Tu combats dans quelle catégorie ?

— Welter. Je suis juste à la limite de poids.

Ses cheveux noirs sont coupés court et il s'exprime dans un excellent français. A part son nez cassé, on pourrait le prendre pour un étudiant de la Cité universitaire. Il est assis par terre, le long du lit, et la main de Prêcheur pend à dix centimètres de son visage.

Je me pose sur une chaise fatiguée et tire mon paquet de Gitanes. Il esquisse un geste de dénégation et nous restons un bon moment comme ça. Lui, sommeillant à demi et moi, tirant comme un fou sur mon mégot.

— Ça rapporte, la boxe ?

— Surtout des bagarres avec les fanfarons qui se prennent pour les chefs du boulevard !

— Tu as déjà gagné, quand même ?

— J'en ai gagné dix et perdu sept dont les deux derniers par K.O. J'encaisse mal d'après Calone, mon manager, mais j'aime les cris dans la salle quand j'arrive sur le ring, le soigneur qui me refile des tuyaux entre les rounds et puis les yeux, tous ces yeux dans le noir qui me regardent. Je les vois encore la nuit, je suis allongé dans les cordes et il y a ces yeux qui brillent, qui brillent et des fois, ça me fait peur...

— T'es une sorte d'insomniaque ?

— C'est ça. Alors je me lève et je descends vers la place d'Italie. Je repère un type avec une belle gueule de salaud et je m'arrange pour qu'il me cherche des crosses. Ça marche toujours et je tape dessus, je cogne sur ses yeux jusqu'à ce qu'il les ferme, qu'il puisse plus rien voir. Après, je rentre chez moi et je m'endors tout de suite...

Son regard se voile, un rictus déforme sa bouche et la petite lampe que j'ai allumée à notre entrée dans la chambre projette sur son visage des zones d'ombre insondables.

Difficile d'imaginer pareille solitude. Il s'ébroue violemment et d'une torsion du buste se dresse au-dessus du lit.

— Ça t'intéresse, la boxe ?

— Un peu, dis-je.

Il plonge la main dans une des poches de son pantalon et la ressort, exhibant un billet rouge.

— C'est samedi, du côté de Bercy. Son nom à l'autre, c'est Cheik Hamani.

Je prends le billet, le range délicatement et promets d'y passer faire un tour. Avant de quitter la pièce, je remplis une pleine casserole d'eau dans la cuisine et, arrivé près du lit, en jette le contenu à la tête de Prêcheur qui bredouille une protestation puis se renfonce dans son oreiller.

L'hôtel Maeva est situé tout au bout de la ruelle du Nadir-aux-Pommes. Les deux « A » sont éteints et le néon du « T » clignote sans désemparer.

Aziz, le gérant, me loue une chambre-placard que je paie au mois. Tiens, justement, ça fera un mois demain. Je ne peux pas m'offrir mieux, *because* la monnaie. Le Banana produit en alternance trois formations qui, malheureusement pour moi, affichent complet. Le Ko Ko, ce n'est pas pour demain. Malgré tout, Slocombe m'a promis un piston d'acier dès qu'un saxophoniste ira se faire pendre ailleurs.

L'épave du 21 essaie de m'agripper au passage pour une partie de passe anglaise, mais j'ai mon compte de plaisanteries pour aujourd'hui. En passant devant le 13, la voix perçante de Sonia traverse le panneau :

— Philippe ?

— Ouais...

— Va falloir chloroformer ton coq, il a hurlé tout l'après-midi !

Ça manquait. Je pousse la porte de ma chambre et découvre le père Charlie, l'œil globuleux, tassé comme un vieux paquet de linge sale sous le lavabo. Je le gratte sous le ventre mais il reste sans réaction. Quasiment neurasthénique. Je caresse l'arrière de son crâne du bout des doigts et je pense : Charlie, mon coq. Délicatement, je le soulève et le serre contre ma poitrine.

Il a trop voyagé. Des Antilles à Rorbeck pour finir à Barbès, ça fait beaucoup pour une âme sensible. Nous restons un bon moment près de la fenêtre, soudés l'un à l'autre, à guetter les lumières qui s'allument, tels des vers luisants, sur les murs de la ville.

Il me faut préparer sa pâtée de maïs. Par poignées, je décroche les grains puis écrase l'ensemble dans une écuelle de bois. Un éclair de lucidité passe dans l'œil du coq quand je dépose ma mixture devant lui. En me lavant les mains à l'évier, la glace murale me renvoie une image qui m'inquiète un peu : deux saignées oblongues progressent lentement dans la touffe de cheveux qui persiste sur le haut de mon crâne.

Il y a comme ça des années qui comptent double.

Je me mets torse nu car la chambre est située sous les combles et la chaleur est infernale depuis quinze jours. Le revolver de La Bamba traîne sous la table de nuit. Sur le mur du fond, mon poster des *Indomptables* de Nick Ray se décolle dans le coin gauche.

Voilà deux semaines, je me suis mis à la flûte que Slocombe m'a prêtée. Je sors l'instrument de son étui et attaque laborieusement *Blues For The Orient* de Yusef Lateef.

Chapitre 19

Samedi, 20 heures. Sous la mer torturée des taudis accouplés par un architecte malade, des boyaux noirs tissent un parcours fangeux et souterrain. Empilée sous ces strates, une humanité se convulse sans espoir, appelant comme une libération l'empire de la nuit froide.

Au centre de ce carnage de boue, un *no man's land* étire ses jardinets dévastés : l'impasse Arthur Cravan. En quittant Ousmane, je gicle au beau milieu de la chaussée et, comme à l'accoutumée, passe un temps fou à épier les chats difformes qui règnent sur les vieux hôtels particuliers abandonnés à la pourriture et à des créatures défiant toutes les lois de la génétique. Je prends sur la droite, par la Goutte d'Or. L'hôtel n'est plus très loin.

Il est là, sous la fenêtre, les pattes raides et les yeux révulsés. Le point terminal à ma saga nordiste.

Je passe la main sur les yeux du coq et arrache à son plumage mort une petite aigrette rouge que je pique dans ma chemise. Un vieux carton à l'enseigne du « Chausseur sachant chausser » fera l'affaire. Je le vide de son contenu. Quelques livres, d'inutiles paperasses. Je plie Charlie dans cet espace réduit.

Ma photo de Charlie Parker s'échappe d'un lot de vieilles cartes postales ; je la récupère et la dispose contre la dépouille du coq. *Birds for ever and soul immortality !*

A l'aide d'une ficelle malingre, je paquète le carton à chaussures, éteins la lampe de chevet et traverse la masse opaque du couloir. J'avale les cinq étages puis, à grandes enjambées, me dirige vers la Seine, mon paquet sous le bras et la tête vide de sens.

Les quais sont déserts, seul le moteur d'une péniche vient trouer la métronomie du clapotis. La masse noire glisse devant moi dans un feulement humide. A l'intérieur de la cabine de pilotage, éclairée par une lampe jaune qui bringuebale, le visage du marinier se détache avec précision sur le ciel tendu comme un drap mauve.

Très vite, je saisis une grosse pierre qui traîne par terre et, avec le reste de ficelle, attache le cercueil de carton à ce bloc de calcaire. Je perçois loin, très loin dans ma boîte à souvenirs, les cris d'une émission pirate brouillée d'interférences : Charlie 20 000, Charlie 30 000, Charlie...

Alors, d'un coup sec de l'intérieur du pied, je pousse le coq dans l'eau noire.

Le serveur derrière le bar comprend rapidement que je ne suis pas mûr pour une conversation sur l'air du temps. Je m'envoie cul sec mes deux cognacs puis, au moment de payer, retrouve dans ma poche un carton rouge sang dont le texte est simple : « Cheik Hamani contre Van Thiem, catégorie welter, au gymnase Armand Robin. Début des combats à 22 heures. » Je consulte ma montre : en me pressant, je peux arriver à l'heure.

Par la porte entrouverte, la scansion lancinante du métro vient tarauder dur mes structures amoureuses. La caissière fredonne d'une voix éraillée sous sa casquette de majorette. Il est 21 heures à ma montre et, *comme au premier matin du monde, je suis traversé par un chœur de putains allemandes*.

Chapitre 20

Je remonte la rue des savonneries jusqu'au baraquement, près des docks de Bercy. Des affiches lacérées, encore poisseuses de colle fraîche, cernent l'entrée de l'ancien hangar qui dispense une lumière rouge.

Van Thiem, mon champion, clôture la soirée mais avant d'en arriver là, il faut supporter deux exécutions dramatiques animées par des garçons-bouchers en route pour la gloire. Des poids plume, un entremet.

Près du bar, un certain Ramone prend des paris sur le combat vedette. Seule une imagination débordante peut concevoir qu'il puisse régler leur dû aux gagnants. Mais je sais ce que c'est : quand on est dans la filière du jeu, le comportement logique n'est plus qu'une nostalgie. J'abandonne donc, entre ses mains avides, mes derniers billets. Enfin, presque les derniers. Les deux premiers combats sont expédiés à une allure record et je reste près du bar en attendant la fin de l'exhibition.

Le speaker, un blondin obèse, monte sur le ring et clame les noms trop longtemps attendus. Les bruits, les cris et même le temps semblent suspendus dans l'attente des deux boxeurs. Enfin, le drapé d'un peignoir blanc et Hamani, fier comme Artaban, gagne son coin avec des sourires à son manager qui en disent long. Van Thiem arrive derrière et je me lève pour applaudir. On m'a donné une place au dixième rang, je ne vais pas en perdre une bouchée.

Je brame mes vivats en criant trop fort pour oublier Charlie et, ce faisant, me dresse sur la pointe des pieds. Mon regard plonge sur les premiers rangs.

Et je la vois. Elle porte un corsage vert et ses yeux couleur de tabac sec lancent des éclairs méchants. Un type se lève à sa droite. J'en profite pour quitter ma travée et occuper la place vacante.

— Tu as lâché les salles de billard ?

La fille du Gaucher se tourne alors vers moi, repoussant ses cheveux roux sur sa nuque d'un mouvement rapide du poignet.

— Écarte-toi, Tom Pouce !

Bon, d'accord, une cérébrale. Je me pousse un peu et insiste.

— Tu t'es mise à la boxe, alors ?

— Ça ou autre chose c'est du pareil au même. Je veux voir crever le chinetoque, ça sera toujours trente minutes de gagnées.

— Gagnées sur quoi ?

— Sur la vie qui me reste à vivre.

— T'as un truc incurable ? je fais.

— La mort dans ma tête, ça suffit !

Tout à fait mon genre : gaie, rieuse, follement mutine. Comme je vais pour répliquer, les deux brutes sur le ring entament un round d'observation, dixit les gazettes, et j'abandonne la gamine pour me concentrer sur le combat.

Au troisième round, Hamani se rappelle qu'il est là en tant que challenger. Tête en avant, pas très sport, il débite des séries au corps que Van Thiem encaisse sans broncher. Cinquième round. Un crochet du droit d'Hamani et le Viet pose un genou à terre, l'œil vitreux. Je trépigne sur place, envoyant à tous les diables le salaud de Tunisien, mais la fille à mes côtés ricane comme une folle, tirant mon veston pour me faire asseoir. La chaleur pesante décuple les odeurs corporelles, chaque coup porté claque contre les murs qui répercutent le son dans un mouvement tournant. Au huitième round, Van Thiem perd nettement aux points et je commence à évaluer l'épaisseur de l'enveloppe qu'il a dû recevoir, quand, sur une série de swings au corps d'Hamani, il trouve la faille et catapulte un crochet de derrière les rizières contre la tempe du Tunisien.

Hamani vacille telle une tour prise de langueur et dégringole dans les cordes, tordu dans une prière fervente à Mahomet.

J'ai le triomphe modeste et quand l'arbitre compte dix, me tourne vers ma voisine.

— Pas de chance, poupée !

Disant cela, j'ai l'impression d'écraser un piaf à coups de talons. Elle s'est recroquevillée comme ces plantes qui fanent trop vite et, les mains sur les yeux, pleure sans bruit en secouant ses épaules maigres. Un peu dépressive, pour tout dire.

— Uh, c'est rien qu'un jeu, une sorte de sport, je lui fais. Faut pas vous frapper pour ça !

Je me mets à la vouvoyer, on devient moche en vieillissant. Elle s'arrête de psalmodier et lève vers moi ses yeux vides. Elle possède dans le regard un petit quelque chose qui m'interdit de lui tourner le dos. Sans crier gare, je me sens responsable. Il me faut une bonne dose d'inconscience, quand je pense à Charlie, pour m'imaginer responsable de qui que ce soit.

J'ai envie de la voir sourire. Autour de nous les habitués refluent vers le bar et sur son corsage vert les auréoles de sueur grandissent à vue d'œil.

— Je m'appelle Siren, Philippe Siren...

— Moi, c'est Carole ?

Elle répond avec une nuance interrogative, comme si elle n'était pas certaine de connaître son prénom. Puis elle récupère son regard dur, la rouquine, alors je la prends par le cou et l'entraîne au nord de la ville, où règnent les femmes-serpents et les cracheurs de feu.

Devant la porte du Maeva, elle recule imperceptiblement puis, avec une mimique désabusée s'engouffre dans le hall sous l'œil torve d'Aziz qui digère ses loukoums en écoutant Radio-Soleil.

Je sors la bouteille de Cutty Sark et on écluse verre sur verre. D'où je suis, sur le divan, j'aperçois ses chevilles — deux abat-jour de nacre — et son visage tendu sur son dégoût profond de la vie ici-bas. Et puis ses yeux, ses yeux de caverne enfumée.

Ils en disent des choses, ses yeux. Ils disent son mariage hâtif trois ans plus tôt, la superbe HLM avec vide-ordures incorporé, les hurlements des gosses dans le bac à sable, le mec-héros qui dit des choses banales devant la deuxième chaîne, le sourire Gibbs, les hanches Frigeavia. La vie comme une cure de sommeil, un amour standard avec révision des pièces tous les vendredis soir et, pour être précis, ça la fait pas sourire, la môme Carole. En cavale, qu'elle est, et prête à lâcher la rampe. Alors je la fais boire. Je me dis qu'on y verra plus clair demain matin.

Je l'aide à dégrafer son corsage, passe mes mains sur ses hanches aux os saillants puis j'essaie de trouver sa bouche mais c'est cuit pour ce soir.

Trop de choses en tête pour laisser parler les sens. Nous nous allongeons sagement, très près l'un de l'autre, sur le divan à la couverture bleu électrique et je m'endors avant de fermer les yeux.

Dans mon rêve, je me repasse pour la trentième fois *Comment épouser un milliardaire ?* Marilyn Monroe confie à mon écran intérieur que son cœur est à papa car elle connaît son Nabokov sur le bout de la langue. J'appartiens à une génération qui ne pleure qu'au cinéma.

La première chose que je distingue à mon réveil est une sarabande de nuages s'encadrant dans le rectangle de la fenêtre. Et, tout de suite, ces coups sourds contre la porte. Je reconnais, sans erreur possible, la voix du patron de l'hôtel :

— Siren, enculé, tu vas ouvrir ?

Je me dresse sur un coude pour appréhender la situation et la soirée d'hier m'investit de plein fouet. La boxe, la fille du Gaucher.

Son corps a roulé sur le sol et elle est tassée, dans une pose grotesque, sur la moquette à poils longs. Le revolver de La Bamba a glissé entre ses doigts et la balle qu'elle s'est tirée dans la tempe a bien fait les choses : un trou net, sans bavure, comme une vie insipide passée dans une cuisine nickelée à préparer des milk-shakes et des pommes au four.

Derrière la porte, Aziz chuchote, terrorisé.

— Siren, réponds, merde ! Tu l'as pas flinguée, hein Siren, t'as pas fait ça ?

Je suis bloqué au cinquième étage, un cadavre au pied du lit et pas d'escalier de secours.

La journée promet d'être longue.

J'imagine sans peine la suite de l'histoire. Les flics de Clignancourt — des porcs — l'enquête, mes empreintes mêlées à celles de Carole sur le revolver. Mon dernier domicile connu ? Rorbeck, tiens, tiens ! Le ricanement de Chalk : Siren ? mais, je l'adoooore, cher collègue...

Et puis, tout à la fin, Lisa qu'ils remonteront de son trou d'ombre. Oui, je les vois, tirant de la chaudière des touffes de cheveux, un plombage de prémolaire — sa p'tite bouche pleine de brillants —, quelques ossements noircis que des experts tripoteront dans la félicité.

Cinq étages.

J'hésite un moment puis, résigné, enjambe le corps de Carole. Je n'arrive même pas à la haïr.

En m'approchant du battant de mauvais bois que traversent les imprécations d'Aziz, j'essaie de trouver un truc, quelque chose pour me donner du courage. Alors je commence à siffloter, lèvres sèches, ce vieil air... comment déjà ?

Ah, oui : *Johnny, tu n'es pas un ange !*

RIVAGES / NOIR

1. Jim Thompson : *Liberté sous condition*
2. Charles Williams : *La Fille des collines*
3. Jonathan Latimer : *Gardénia rouge*
4. Joseph Hansen : *Par qui la mort arrive*
5. J. Van de Wetering : *Comme un rat mort*
6. Tony Hillerman : *Là où dansent les morts*
7. John P. Marquand : *Merci, Mister Moto*
8. John P Marquand : *Bien joué, Mister Moto*
9. David Goodis : *La Blonde au coin de la rue*
10. Mildred Davis : *Dark Place*
11. Joan Aiken : *Mort un dimanche de pluie*
12. Jim Thompson : *Un nid de crotales*
13. Harry Whittington : *Des feux qui détruisent*
14. Stanley Ellin : *La Corrida des pendus*
15. William Irish : *Manhattan Love Song*
16. Tony Hillerman : *Le Vent sombre*
17. Hugues Pagan : *Les Eaux mortes*
18. John P. Marquand : *Mister Moto est désolé*
19. Donald Westlake : *Drôles de frères*
20. Jonathan Latimer : *Noir comme un souvenir*
21. John D. Mac Donald : *Réponse mortelle*
22. Jim Thompson : *Sang mêlé*
23. William McIlvanney : *Les Papiers de Tony Veitch*

24. William McIlvanney : *Laidlaw*
25. Diana Ramsay : *Approche des ténèbres*
26. Donald Westlake : *Levine*
27. James Ellroy : *Lune sanglante*
28. Harry Whittington : *Le diable a des ailes*
29. John D. Mac Donald : *Un temps pour mourir*
30. J. Van de Wetering : *Sale temps*
31. James Ellroy : *A cause de la nuit*
32. Jim Thompson : *Nuit de fureur*
33. J. Van de Wetering : *L'Autre Fils de Dieu*
34. J. Van de Wetering : *Le Babouin blond*
35. Tony Hillerman : *La Voie du fantôme*
36. W. R. Burnett : *Romelle*
37. David Goodis : *Beauté bleue*
38. Diana Ramsay : *Est-ce un meurtre ?*
39. Jim Thompson : *A deux pas du ciel*
40. James Ellroy : *La Colline aux suicidés*
41. Richard Stark : *La Demoiselle*
42. J Van de Wetering : *Inspecteur Saito*
43. J. Van de Wetering : *Le Massacre du Maine*
44. Joseph Hansen : *Le petit chien riait*
45. John D. Mac Donald : *Un cadavre dans ses rêves*
46. Peter Corris : *La Plage vide*
47. Jim Thompson : *Rage noire*
48. Bill Pronzini : *Hidden Valley*
49. Joseph Hansen : *Un pied dans la tombe*
50. William Irish : *Valse dans les ténèbres*
51. John D. Mac Donald : *Le Combat pour l'île*
52. Jim Thompson : *La mort viendra, petite*
53. J. Van de Wetering : *Un vautour dans la ville*
54. James Ellroy : *Brown's Requiem*
55. Jim Thompson : *Les Alcooliques*
56. W. R. Burnett : *King Cole*

57. Peter Corris : *Des morts dans l'âme*
58. Jim Thompson : *Les Arnaqueurs*
59. J. Van de Wetering : *Mort d'un colporteur*
60. W. R. Burnett : *Fin de parcours*
61. Tony Hillerman : *Femme qui écoute*
62. Kinky Friedman : *Meurtre à Greenwich Village*
63. Jim Thompson : *Vaurien*
64. Robin Cook : *Cauchemar dans la rue*
65. Peter Corris : *Chair blanche*
66. David Goodis : *Rue Barbare*
67. David Goodis : *Retour à la vie*
68. Barry Gifford : *Port Tropique*
69. J. Van de Wetering : *Le Chat du sergent*
70. Joseph Hansen : *Obédience*
71. Roger Simon : *Le Clown blanc*
72. Robert Edmond Alter : *Attractions meurtres*
73. Charles Williams : *Go Home Stranger*
74. John D. Mac Donald : *L'Héritage de la haine*
75. David Goodis : *Obsession*
76. Joseph Hansen : *Le Noyé d'Arena Blanca*
77. Jim Thompson : *Une combine en or*
78. Bill Pronzini : *La nuit hurle*
79. Joseph Hansen : *Pente douce*
80. Peter Corris : *Le Garçon merveilleux*
81. J. Van de Wetering : *Cosh-cash millions*
82. Charles Williams : *Et la mer profonde et bleue*
83. Jim Thompson : *Le Texas par la queue*
84. Jim Nisbet : *Les damnés ne meurent jamais*
85. Howard Fast : *Sylvia*
86. Charles Willeford : *Une fille facile*
87. John P. Marquand : *Rira bien, Mister Moto*
88. Chester Himes : *Qu'on lui jette la première pierre*
89. Dolores Hitchens : *La Victime expiatoire*

90. William McIlvanney : *Big Man*
91. Masako Togawa : *Le Baiser de feu*
92. James Crumley : *Putes*
93. Geoffrey Homes : *Pendez-moi haut et court*
94. Geoffrey Homes : *La Rue de la Femme qui pleure*
95. George Chesbro : *Une affaire de sorciers*
96. Tony Hillerman : *Porteurs-de-peau*
97. James Ellroy : *Clandestin*
98. Tony Hillerman : *La Voie de l'Ennemi*
99. Charles Willeford : *Hérésie*
100. James Ellroy : *Le Dahlia noir*
101. J. de Wetering : *Le Chasseur de papillons*
102. Peter Corris : *Héroïne Annie*
103. Jim Nisbet : *Injection mortelle*
104. Joseph Hansen : *Le Garçon enterré ce matin*
105. Helen McCloy : *La Somnambule*
106. Howard Fast : *L'Ange déchu*
107. Barry Gifford : *Sailor et Lula*
108. Kinky Friedman : *Quand le chat n'est pas là*
109. James Ellroy : *Un tueur sur la route*
110. Tony Hillerman : *Le Voleur de temps*
111. Peter Corris : *Escorte pour une mort douce*
112. James Ellroy : *Le Grand Nulle Part*
113. Tony Hillerman : *La Mouche sur le mur*
114. George V. Higgins : *Les Copains d'Eddie Coyle*
115. Charles Willeford : *Miami Blues*
116. Robin Cook : *J'étais Dora Suarez*
117. Daniel Woodrell : *Sous la lumière cruelle*
118. William Kotzwinkle : *Midnight Examiner*
119. Ted Lewis : *Le Retour de Jack*
120. James Ellroy : *L.A. Confidential*
121. Daniel Woodrell : *Battement d'Aile*
122. Tony Hillerman : *Dieu-qui-parle*

123. Charles Willeford : *Une seconde chance pour les morts*
124. Paco Ignacio Taibo II : *Ombre de l'ombre*
125. Ross Thomas : *Les Faisans des îles*
126. Armitage Trail : *Scarface*
127. Edward Bunker : *Aucune bête aussi féroce*
128. Peter Corris : *Le Fils perdu*
129. Andrew Coburn : *Toutes peines confondues*
130. Marc Villard : *Démons ordinaires*
131. Pieke Biermann : *Potsdamer Platz*
132. James Lee Burke : *Prisonniers du ciel*
133. Hugues Pagan : *La mort dans une voiture solitaire*
134. Tony Hillerman : *Coyote attend*
135. Marc Behm : *La Reine de la nuit*
136. Les Standiford : *Pandémonium*
137. Jim Nisbet : *Le Démon dans ma tête*
138. Russel H. Greenan : *Sombres Crapules*
139. William McIlvanney : *Étranges Loyautés*
140. Barry Gifford : *Perdita Durango*
141. James Ellroy : *White Jazz*
142. Paco Ignacio Taibo II : *La Vie même*
143. Tonino Benacquista : *Les Morsures de l'aube*
144. John Harvey : *Cœurs solitaires*
145. Tony Hillerman : *Le Grand Vol de la banque de Taos*
146. Richard Lortz : *Les Enfants de Dracula*
147. George Chesbro : *L'Ombre d'un homme brisé*
148. Michael Collins : *L'Égorgeur*
149. Bob Leuci : *Captain Butterfly*
150. Marc Villard : *La Vie d'artiste*
151. Kinky Friedman : *Meurtres au Lone Star Café*

RIVAGES / MYSTÈRE

1. Rex Stout : *Le Secret de la bande élastique*
2. William Kotzwinkle : *Fata Morgana*
3. Rex Stout : *La Cassette rouge*
4. John P. Marquand : *A votre tour, Mister Moto*
5. John Dickson Carr : *En dépit du tonnerre*
6. Rex Stout : *Meurtre au vestiaire*
7. Josephine Tey : *Le plus beau des anges*

Achevé d'imprimer le 2 mars 1993
sur les presses de l'imprimerie Hérissey
à Évreux - Eure
pour le compte
des Éditions Rivages
106, bd Saint-Germain - 75006 Paris

Dépôt légal : mars 1993
N° imprimeur : 60870